The Textual Organization in
Mathematics Textbooks

數學教科書中的語言表達
——教你看懂數學課本的文字敘述

陳雅婉・著

序

陳雅婉

　　語文的運用能力是學習一切知識的基礎，透過語言文字的表達，使得人們能夠學習其他領域的專業知能。數學不僅是日常生活中必備的能力，也是學校教育中的正式課程之一；但對學生而言，數學卻最容易引起他們焦慮，也是令他們感到最困難的學習領域。

　　在臺東大學語文教育研究所進修時，為了瞭解數學教科書中的語言表達方式，採用內容分析法進行南一版九十六學年度的國小數學教科書分析，感謝指引我迷津的陳老師光明、程老師克雅和許老師文獻在百忙之中撥冗提供寶貴的意見和思考方向，以及周老師慶華對我的青睞。因此，我從整體的篇章結構、銜接與連貫和特殊句式的角度來進行探討後，有以下幾點發現：

一、篇章結構

　　數學教科書中的語言表達同樣具有始發句、後續句和終止句。在始發句中，以存現句出現的頻率最高，其次是一般主謂句；越高年級，始發句逐漸消失，題目漸漸由具體情境轉為抽象的敘述。後續句在數學教科書的篇章中扮演重點核心的角色；終止句則是以疑問句的語氣出現。

二、銜接方式

記敘文體的銜接手段可以分成指稱、替代與省略、連接和詞彙銜接四大類，其中指示指稱、動詞型省略、轉折型連接和原因型連接並未出現在數學教科書中。

三、特殊句式

「比」字句、「把」字句、連動句三種特殊結構標誌類的句式是數學教科書中較常出現的句式。

當然，探究事理的根本並非易事，在過程中也經過挫敗和千頭萬緒的瓶頸。感謝臺藝大謝老師如山、國北教大的黃老師偉蓉及黃老師永和的關心問候，大學好友家慧、孟鴻、靜儂、泠玉和研究所同學家珍的鼓勵打氣，還有陪我度過許多沉悶時光的祐生、志豪和小孟。透過和親愛的學生：皓評、顯笠、信宏、Seth & Simeon 的試驗和討論，呈現出這種跨學科領域的識讀分析。

能夠心無旁騖的研究，要謝謝家人對我的包容，讓我專注的投入喜歡的研究領域。淺嚐語言的箇中奧妙，需要的是更多的專業對話和切磋。歡迎各方前輩不吝予以指教。我會帶著大家的關愛，繼續在教育界努力！

2010 立春

目次

表目次

第一章　緒論

　　本研究旨在探討「數學教科書中的語言表達」。本章就本研究的研究動機與目的、問題、範圍及方法等方面一一予以說明。

第一節　研究背景與動機

　　　　數統治了宇宙（Number rules the Universe）

　　　　　　　　　　　——畢達哥拉斯（Pythagoras，540 B.C.）

　　身處資訊時代的我們，眼之所及，手之所觸，耳之所聞，在在都與數學相關，如數數、計算、度量、空間等概念（周臺傑、范金玉，1986），輔以抽象數學的研究成果能受惠科學的進步，使得數學不僅是日常生活中必備的能力，也是學校教育中的正式課程之一；但長久以來，數學科卻是國小各科目中最容易引起焦慮，也是最感到困難的學習領域（詹志禹，1997），想要令學生能夠樂在學習，就得先想辦法解除他們的憂慮。

　　起始於八〇年代的教育改革，讓教育家們重視「回歸基本」（back-to-basis）、著重「解決問題」這個核心價值上，到了 2000 年 4 月美國數學教師協會（NCTM）頒布了《學校數學的原則和標準》後，全世界的數學教學革新更是如火如荼的不斷進行中；因為，能夠理解和善用數學的人，可以在瞬息萬變的世界中，擁有更多元

的選擇機會和塑造美好未來的可能性，這也就是教育應該將每個學生培養成擁有一定學習數學水平的原因。

　　九年一貫課程強調終身學習，重視要學習「如何學」和「樂於學」；從八十二年的數學課程和九年一貫課程數學學習領域的課程目標對比，可以看到九年一貫重視「培養欣賞數學的能力」。依照認知論的智力成長說，教材和教學法都必須由具體漸入抽象，由簡單而漸入繁雜，由形象而入符號，教材是我們所設計的新環境，必須要使學生有能力去同化，並結合新的刺激來增進學生的心智能力。

　　語文的運用能力是學習一切知識的基礎，透過語言文字的表達，使得人們能夠習得其他領域的專業知能；也就是說，各種學科知識都是建立在系統化的語文當中。學科課本的完整性與系統性兼負知識傳遞的重擔，好的教科書背後必須有著橫貫和縱貫的邏輯思想、課程理念和教學主張，自民國八十二年政府開放由民間來參與教科書的編輯，2005 年 9 月起臺灣中小學數學課程採用教育部 2003 年 11 月 14 日頒布的「數學學習領域課程綱要」為依歸，逐步重新修訂與編纂教材，期許學生的數學能力能夠更提升，增進在國際上的競爭力。因此，數學教科書的文本分析，就更顯重要。

　　心理學家 Gagne 認為發展是學習的功能，自然的知識和邏輯數學的知識基本上是相同的，只有簡單和複雜之分，學習時先由簡入繁，這種轉移必須有先前的經驗和訓練才能連成一串。

　　由於研究者本身擔任國小班級導師的工作，已於國小教授數學科五年，常常對於學生恐懼數學學習和數學學習障礙感到困惑，因此，想要透過自己的語文認知，針對數學教科書進行文本分析，希

望藉此能夠深入了解數學教科書的編排與規律，並針對學生的弱點和教科書編寫的弱勢部分進行補救教學。

第二節　研究目的與待答問題

本研究運用透過篇章分析的概念，來討論國小數學教科書中的語言表達，藉以瞭解數學教科書的撰寫方式，發展出具體的邏輯思考，以協助學生了解題意，並作為學校教師、教科書撰寫人員之參考。

根據上述之研究目的，本研究探討之問題如下：

一、探討國小數學教科書中所要表達的篇章概念為何？

二、探討國小數學教科書中常用的句子類型為何？

三、探討國小數學教科書的篇章結構是否和國語文的表達方式相同？

第三節　名詞釋義

為使本研究所使用的名詞意義明確，茲將重要名詞「篇章分析」、「教科書」、「內容分析法」加以界定，敘述如下：

一、篇章分析

語言乘載世界，而篇章則是語言的訊息、交際、表徵功能的最高體現，呈現出多元性和多樣複雜性。雖然古代漢語沒有系統化的

語法學，但不代表漢語沒有語法，因為所有的語言都是透過語法系統而建立的規律制度。一百多年前，馬建中根據拉丁語法的框架來分析漢語，撰寫了《馬氏文通》，創立了漢語語法學的先驅；經過前輩長足的努力，漢語的語法已經漸漸形成且有共識，但部分概念仍須參考國外語言研究的方式，以補足不足的理論。

　　學習一種語言，最先要先學會詞彙和語法，但這只是表徵世界所使用的材料和結構，要能夠確實掌握一種語言，最重要的關鍵點，就是一定要能夠靈活運用把詞彙和語法黏合起來的篇章規律。篇章分析（discourse analysis）是本世紀語言學的顯學，承襲自英國語言學家 Halliday M. A. K.和 Hasan R.在 Cohesion in English 提出來的銜接與連貫的概念，成為篇章分析的出發點，分析這些篇章的規律，也就是所謂的篇章分析（王秀麗，2008）。

　　由於不同語言和不同文體之間的語言表述仍有差異，因此，可以透過句式的結構分析來體現這個差異，進而了解文字的表達。

二、數學教科書

　　一般而言，「教科書」係指依政府明令公布之課程標準，選擇適當材料編輯而成書本形式之教材，作為學校教師教學及學生學習之主要一句，其體裁大都為「分年級」、「分學科」、「分單元（課）」（藍順德，民 95）。廣義的教科書包含了課本、習作、教學指引及教師在課堂中所使用的各種媒體教材。而本研究所稱的教科書乃指狹義的教科書，也就是依照政府公布之課程標準所編纂的「學生課本」。

　　自教育部開放民間編纂教科書後，目前坊間流通的數學領域教科書版本有「康軒版」、「南一版」、「翰林版」和「部編版」四大版

本。已完成國小階段十二冊編審的有「康軒版」、「南一版」和「翰林版」，其中「部編版」的教材僅出版至第九冊[1]。

三、內容分析法

內容分析法乃指以客觀、系統的態度，使用量化統計次數的方式，進行質性比對，並針對文件（document,written or printed material）內容進行研究與分析（黃光雄、簡茂發，1994）。本研究所使用的內容分析法，即針對國小數學教科書內容部份，以小句來進行句式分析、語篇銜接和篇章概念等方面的討論，統計出各冊相關單元的內容後，再根據結果進行分析與探討。

第四節　研究範圍與研究限制

本研究目的主要在瞭解國小數學教科書中的語言文字表達方式，並針對教科書中的語言表達方式進行分析與統整，以瞭解數學教材編寫所使用的語言文字。因此，研究的對象為國小教科書中，一年級到六年級所使用的數學課本，並選定九五正綱實施後的九十六學年度版本為研究對象。

目前現行市面上流通的國小階段數學教科書版本有「康軒版」、「南一版」、「翰林版」和「部編版」。因為「部編版」現今只

---

[1]　本文完稿於 2009 年 8 月，當時部編版僅出版至第九冊，預計 2011 年 2 月後，將有完整的小學教材出版。

發行至第九冊，其餘冊數尚未在市面發行流通，「南一版」和「康軒版」在數學教科書的市占率稍微偏高，故挑選研究者任教學校所採用的「南一版」作為研究對象，其他版本教科書不在本研究範圍內。

　　本研究所使用的「南一版」數學教科書是是依據教育部公布的國民中小學九年一貫課程綱要所編輯，經「國民小學及國民中學教科圖書審定辦法」審定通過，採用九十六學年度版本，並分析最貼近學生生活情境的數學主題[2]「數與量」[3]之數學單元之內容，詳細資料請見表 1-1。

---

[2]　根據九年一貫能力指標，數學主題可以分為「數與量」、「幾何」、「代數」、「統計與機率」和「連結」五大類。「數與量」在國民教育的數學課程中具有最重要的位置，其主要概念的形成以及演算能力的培養均奠基於國小階段，而在國中主要是延伸至包含負數的整條數線的教學。這一主題的學習可分為國小（1 年級至 6 年級）、國中（7 年級至 9 年級）二階段來說明，同時，亦強調銜接教學的重要。

[3]　此分類界定以單元標題名稱為主，若涉及兩個主題，則不列入考慮；在後面研究過程會遇到某些單元與生活情境背離的單元，會在附錄中提出說明後予以刪除。本論文的實際研究內容全部文本請參考附錄。

表 1-1　「南一版」九十六學年度「數與量」之單元

單元＼冊別	單元名稱							
第一冊	單元1：數到10	單元3：分和合	單元4：第幾個	單元6：數到30	單元7：加一加	單元8：比長短	單元9：減一減	單元10：讀鐘錶
第二冊	單元1：數到100	單元2：幾月幾日	單元3：長度	單元4：18以內的加法	單元5：18以內的減法	單元7：二位數的加減		
第三冊	單元1：數到300	單元2：幾公分	單元3：加法	單元5：減法	單元6：容量和重量	單元8：乘法（一）	單元10：乘法（二）	
第四冊	單元1：數到1000	單元2：幾公尺	單元3：加加減減	單元5：乘法（一）	單元6：乘法（二）	單元8：分東西	單元9：分數	
第五冊	單元1：數到10000	單元2：加法	單元4：減法	單元5：幾毫米	單元6：認識除法	單元7：分數	單元8：時間	單元9：乘法
第六冊	單元1：乘法	單元2：公斤和公克	單元3：除法	單元5：乘法和除法	單元6：分數的加減	單元8：小數	單元9：公升和毫公升	
第七冊	單元1：十萬以內的數	單元3：乘法	單元5：容量	單元7：除法	單元9：時間	單元10：分數	單元11：重量	
第八冊	單元1：一億以內的數	單元3：乘法和除法	單元7：分數的加減	單元9：小數	單元10：時間			
第九冊	單元1：概數和估算	單元2：快慢和時間	單元3：小數乘以整數	單元7：因數和倍數	單元11：容量			
第十冊	單元1：擴分、約分和通分	單元2：異分母分數的加減	單元4：分數乘以整數	單元9：整數、小數除以整數				
第十一冊	單元1：最大公因數和最小公倍數	單元2：分數的乘法	單元3：小數的乘法	單元5：小數的除法	單元7：分數的除法	單元10：公乘、公順和公畝	單元11：比與比值	
第十二冊	單元2：速率							

　　礙於研究者之人力及物力所限，無法將全部坊間的教科書版本納入研究樣本，因此研究的結果可供未來其他學科領域或其他研究深入研究者的參考，不宜過度作為推論。

第五節　研究方法與研究工具

　　本論文研究是要進行國小數學教科書中的語言表達進行分析，因此最適切的研究方法就是內容分析法。內容分析法（content analysis）也稱為資訊分析或是文獻分析（documentary analysis），最初研究的對象限於大眾傳播媒介，慢慢地社會學、歷史學及政治等研究所均採用了內容分析法，及至目前為止，教育研究也逐漸使用內容分析為主要的研究方法，以下為運用於教育研究的各項目標：

　　一、描述現行的實際業務或條件；
　　二、發現重要的或有趣的若干問題或主題的關聯性；
　　三、發現教科書或其他出版品內容的難度；
　　四、評鑑教科書導入的偏見或宣傳成分；
　　五、分析學生作業錯誤的形式；
　　六、指認作家的文學風格、概念或信念；
　　七、解釋可能引發某項結果、行動或事件的有關因素。

　　　　　　　　　　　　　　　　　　　（王文科，2001：427-429）

由於教科書是作為研究分析的文本來源，希望藉此能探究數學教科書中的文字篇章結構，與第三點「發現教科書或其他出版品內容的

難度」雷同,且內容分析的紀錄單位,常見的有單字(詞)或符號、主題、特徵、句子或段、項目,可用簡單的二元編碼、類別在文獻中呈現的次數、某類別在文獻中佔有的空間或篇幅、陳述句的強度來量化資料(王文科、王智弘,2006)。因此,本研究採內容分析法為研究方法。

本研究採用的研究工具為篇章概念中的句式與銜接,以分析數學教科書中語言文字的編排與描述,並以「小句」為語篇分析之單位,由於本研究將探討數學教科書中佈題的篇章結構,換句話說,就是從功能的角度來探討出在數學教科書中的文字描述,所以將數學教科書中「數與量」的單元挑選出,並篩選文字題涉及此主題的部分,將分析的單位設定為「題」。

第二章　文獻探討

本章一共分成四節來論述。第一節介紹教科書在小學教育中的功能和重要性，彰顯教科書對於學生學習的影響；第二節探討現行國小數學領域的教育目標，嘗試將數學生活化的教育宗旨；第三節討論語言學中的篇章分析，透過科學分析來瞭解語言結構，並針對現有的小句研究來做整體的文獻回顧，第四節將現有的數學教科書內容分析研究做一個概況的整理。

第一節　教科書的功用與重要性

由於九年一貫課程實施後，期望落實「教育鬆綁」與「尊重教師專業自主權」等理念，因此在教材出版上，從過去的國編本走向今日的審定本。自民國八十五年起，臺灣地區的國小教科書全面開放由各出版社邀請專家根據教材綱要編寫，經過國立編譯館審查後，發予固定年限的圖書審定執照。

在過去，教科書被認為是鉗制學生學習思考，儘管備受批評，卻仍佔有不可取代的重要地位，乃是因為這個協助教師教學、輔助學生學習的利器，有三大重要功用：實現教育目標的重要工具、節省教師編輯教材的時間、可以幫助學生學習（黃政傑，1989）。

學校教育的形式是課程，而教科書是教育的具體範疇，因此，教科書成為教師在課堂教學的重要依據，也是支配學習的重要內涵

所在，由此可知，教科書內容的設計與使用上的適切程度，會大大影響學生的學習。

　　Armbruster（1986）曾提出考慮周全的教科書需要的特質有：（1）能幫助學習者選擇重要訊息。（2）能幫助學習者組織重要訊息。（3）能幫助學習者統整重要訊息。（4）能提供正確、不矛盾且能跟的上時代的訊息。具備上述特質的內容，才是能夠幫助學生學習的教科書。美國學者 E. O. Warming 在 1982 年的著作，將教科書描寫為是「支配性的教室資源」，教科書決定了高達 80％的課程內容（Tanner，1988）。

　　綜合上述國內外學者的說明，教科書在教學現場的確佔有重要的一席之地，教育的目標是為了將每個孩子都帶上來，好的教科書是掌握學生學習的關鍵，因此，對於教科書內容的編排與敘寫，絕對不可輕忽。

第二節　數學領域的內涵與特色

　　九年一貫課程是我國教育史上的一項重大變革，在數學學習領域這個主題上，其主要精神即企盼藉由教育改革，讓大多數的學生能夠積極參與這個學習活動；讓數學和生活連結，以改變一般人的觀點──學習數學是痛苦、單調的活動。它尤其強調學習者能力的開拓，希望學習者能靈活運用所學的數學知識，得以與他人溝通，並有效解決問題（教育部，2003；NTCM，2000）。

　　問題的語文結構是決定使用何種解題策略的主要因素，但問題的敘述方法卻能夠影響孩童是否能解出問題來，敘述清楚的問題使得孩童更容易解出問題（呂玉琴，1988）。

　　孩子在學習或建構複雜的觀念時，常會經歷四個步驟：自然的探索、成人引導、練習階段、不需外界提醒而獨立自主（幸曼玲，1994）。在高階的思考歷程中，語言符號是一種重要中介工具，語言可將思考結果發表，與他人溝通，督導自己的思考，促進學習歷程（周玉秀，1995）。由此可知，透過語言來學習和溝通，是當前重要的教育課題。

　　易正明（1994）認為學生領悟不到題意或會錯意，並不是數學概念的錯誤，若補救教學不從語文教育著手，儘管反覆講解同類型的題目，錯誤仍會持續存在；並提出使用數學作文的方式來讓學生表達思考歷程，透過這樣的方式達到了解學生的程度，以便進行補救教學。文字題是將數學問題用日常語言表示出來，這類的問題強調它的應用性，因此必須和實際生活相結合，也就是說，文字題就是應用問題，是一種包含敘述情境的數學題，透過數學的情境和運算符號的結合，可以有效指導數學（鍾靜，1990）。因為文字的情境提供數學概念或運算與生活間的聯繫，使得數學具有解決生活問題的意義（吳昭容、黃一蘋，2003）。

　　根據上述的觀點來看，數學背景的學者認為數學文字的描述本身是沒有問題的，是學生閱讀後轉化成理解而形成落差，重點在閱讀後的思考歷程，甚至於是成果落差後的補救。但事實上，數學本身是一種科技類的文體，有別於學生生活情境常見的記敘文體。不同語體的表達方式本來就有所差異，再加上學生需要透過閱讀文字來達到學習，這樣跨學科的文字描述，可能本身就存在著顯著的差異。只是，歷來的研究，數學背景的學者依舊從數學的觀點出發，語文背景的學者根本不會從語文的角度出發，因此，很難判定數學的問題文字描述是否真正有問題？抑或是學生未能了解文字描述的表達？

根據過去的研究，都把數學觀點當作起點，本研究則反其道而行，從學生應有的語文能力當作出發點，進行數學教科書內容文字分析，瞭數學題目是否因為和生活情境結合而容易被理解？是否因為文字敘述產生干擾而導致學習出現問題？透過分析數學文字，重視數學教科書中的文字題描述，可以透析語文認知和數學學習領域的關聯，以達成透過閱讀來學習的目的，避免學習障礙或減低補救教學的問題產生。

第三節　篇章結構分析

西方語言學已在篇章分析中進行長久的研究，並將篇章的概念置於科學文本的驗證，希望讀者能透過閱讀科學文本來汲取科學知識；在中文方面，近幾十年來，許多大陸學者將西方語言學的概念翻譯成中文，透過西方的理論將漢語的語法形成一個系統。本節將現有的漢語研究進行概況描述。

一、系統功能語言學

系統功能語言學（Systemic Functional Linguistics，SFL）是由Halliday 等人所發展，主要是研究語言的意義和措詞之間的關係，並強調情境脈絡對語言意義和語言形式的重要性。它主要是從三個脈絡變數來探討社會語境[1]：一為話語場（the field of discourse: type

---

[1] 社會語境一詞，引用北京大學英語系博士生王振亞在 1989 年北京系統功能語法研討會所提交的會議論文〈社會—文化教學法初探〉為翻譯依據，以下的話語場、話語意旨和話語方式也參照此論文的翻譯，並加註原始出處

of social action），在於探討社會活動、主題或內容；二為話語意旨（the tenor of discourse :role relationship），主要瞭解語言傳遞中的人際關係；三為話語方式（the mode of discourse:symbolic organization）（Halliday，1964、1978），主要探討媒介和語言的角色。其中脈絡變數的話語場，也就是相對應於語義中的概念（ideational meaning）功能，說明真實世界中發生的事件。而話語意旨，也就是相對於語義中的人際（interpersonal meaning）功能，表示語言溝通中的角色、關係、態度等功用。而話語方式則相對於語義中的語篇（textual meaning）功能，表示語言學習的排列優先順序。這三個語意成分透過詞彙和語法轉換成表達法（wording），表達法透過語音系統成為口語、透過書寫系統成為書面語。

　　系統功能語言學現今已被廣泛的被許多領域作為研究理論去探討學童學習、閱讀發展、語言化語、社會文化、社會語言等議題（Unsworth，2000）。外國學者也已經將系統功能語言學的理論運用在分析文本，Martin（1993）、Veel（1997，1998）、Unsworth（2000，2001，2004）利用 SFL 去分析科學教科書與歷史教科書的差異。

二、語篇分析

　　布拉格學派（Prague School）的創建者馬泰休斯（V. Mathesius）提出實義切分法（actual division of the sentence），他從句子的交際功能來分析句子的結構，分析句子的結構如何表達句子所要傳遞的訊息。根據實義切分法，人們在使用語言進行交談的過程中，時常

的英文。該論文收錄於 1990 年出版的《語言系統與功能》。

會使用大於句子的話語單位，這樣的單位通常有特定的語境，和上下文相關連，因此在內容和結構上會是密切關聯的。

　　篇章性具有幾個標誌，包含了：形式銜接、意義連貫、意圖性、可接受性、信息性、場景性和篇際性（de Beaugrande / Dressler，轉引自錢敏汝，2001：66）。雖然不同的聽者對於同一個篇章結構可能會產生不同的解釋，但由於篇章特徵具有這些制式的標準，因此，能夠成功傳達特定的理念。根據篇章語法理論提出的概念，篇章具有內部的句子聯繫關係，所以篇章中的句子間，具有線性的連貫、形式的銜接和結構成分上的語義連貫等。本研究依據此理論概念，進行數學教科書的問題陳述分析。

三、小句的研究

　　根據田小琳所介紹的漢語界公認的觀點，漢語的語言單位可以確認詞素、詞、詞組和句子四級，國外語言學界較多地接受語言單位區分為詞素、詞、短語、小句和句五個等級（Lyons，1968；Crystal，1980）。在漢語書面語中，句子的結尾會出現句號、問號或感嘆號，故以此為定義（黃國文，1988；胡壯麟，1990）。

　　Halliday（1985）曾提出對於語言單位劃分的觀點：句應當定義為小句複合體（clause complex）。小句複合體將是我們應當認為大於小句的唯一的語法單位。因此沒有必要引入「句」這個詞作為區別性的語法範疇。我們可以把它僅僅指句點之間所包含的書寫單位。這可以避免混淆以下二者：句是一個書寫成分，而小句複合體是一個語法成分（轉引自胡壯麟，1990）。

　　呂叔湘（1979）也認為小句是一個語法單位。他說：小句是基本單位，幾個小句組成一個大句即句子。如果改用分句，說單句是

由一個分句組成的句子，就顯得彆扭。他還特別提出漢語更適合使用小句作為單位的原因：漢語口語裡特別多流水句，一個小句接一個小句，很多地方可斷可連，在不同標點本的古典小說，更常會出現這個版本用句號那個版本用逗號的情形。確認小句是一個語法單位的這個說詞上，呂叔湘先生的的觀點和 Halliday 是不謀而合的。

　　句子是語法的最高一層單位，是人們交際的最基本的語言單位，一般認為，語篇是篇章結構中的最高層次，句子是最低層次（黃國文，1988）。因此本研究採用小句的觀念，進行篇章結構分析的語言單位。

第四節　數學教科書中的研究概況

　　數學教科書內容研究截至目前[2]的研究概況，可將其作簡單的區分，分類如下：

一、依課程綱要內容分五大主題來探討數學教科書整體教材

　　這類型的論文從數學教材的設計：單元章節、教材脈絡、教學目標、教材內容等方式，探討不同版本數學教科書在數、計算、量與實測、幾何之特色與差異，例如：麥昌仁（2003）、陳思勻（2007）、廖曼伶（2007）、李盈萩（2007）等人。

---

[2]　根據博碩士論文網搜尋標題含有「數學教科書」及使用「內容分析法」為關鍵字的論文，檢索日期為 2009 年 8 月 7 日。

二、依地區性來探討不同國家之數學教科書

　　每個國家的教育基本理念雖然相同，但考量國情與教育宗旨，在教科書的編排上，會有深淺差異。利用比較不同國家的數學教科書，進行內容分析與探討，例如：廖婉琪（2004）、林美如（2006）、林欣慧（2007）、徐于婷（2008）。

三、依特定單元來比較多版本之數學教科書編排

　　數學能力可分為數學知識、數學技能、數學的思考、輔助工具的使用及數學的應用等五大項目來探討，運用不同版本間同一主題教學內容進行比較，可以瞭解不同版本的編排，做為教材選用或銜接上的對比，例如：李豪文（2007）、張雅茹（2007）、蕭弘卿（2008）。

　　根據上面的分類，可以知道內容分析法運用在數學教科書上乃屬於較為近期的研究，且多以數學[3]的觀念來分析，但未有研究者[4]運用語文的編寫觀點，來探討數學教科書的內容安排與撰寫。九年一貫課程所要培養的語文能力與閱讀相關的指標中，就要求「能掌握基本的閱讀技巧」和「能認識文章的各種表述方式」。因此，本研究以語言學中的篇章分析作為研究工具，採以內容分析法的研究方法進行探究，討論現行的數學教科書中的文字編寫狀況。

---

[3]　在上述十一位碩士論文撰寫者中，依照國圖博碩士論文網的分類，教育學類占十篇，另一篇是數學及電算機科學類。但按照實際畢業的系所來看，有八篇研究者畢業於數理所或數資所，僅有兩位是教育系所、一位課研所。因此，上述的十一篇論文仍多是數理背景專長來撰寫，並以數學的角度來看，內容上偏重分析物理性。

[4]　劉順興(2008)所撰寫的論文題目雖涉及「數學語文能力」，但內容是以過去的數學作文和數學思維來看學生解題，故不在此討論範圍。

第三章　整體概念：篇章結構

　　本章旨在探討數學教科書中問題表達方式的篇章結構，主要從整體的篇章結構以及銜接與連貫的角度來進行。首先，就篇章中句子出現位置的功能進行討論，再利用句式的角度，將句群加以畫分後歸納，最後進行整體語篇銜接方式的研究，來了解數學教科書中的語法篇章。

第一節　整體組織

　　篇章是由句子所組成的。句子可以從不同的角度來加以分類。早期漢語的句子根據兩個標準來進行：一是語氣，可以分成陳述句、疑問句、祈使句和感嘆句；二是結構，可以分成主謂句和非主謂句。呂叔湘（1979）曾針對句子的分類提出這樣的看法，「句子是最大的語法單位，因此句子只有結構分類，沒有功能分類。其實這也是一種老框框。若干句子組成一個段落，句子和句子之間不僅有意義上的聯繫，也常常有形式上的聯繫」。吳為章（1994）也認為句子的功能分類，不純粹只是角度和標準上的差異，更有方法論的價值；陳昌來（2000）具體提出了從話語的功能角度來看句子。這種分類具有口語訓練、寫作實踐與語文教學的價值。

　　從結構的角度來看句子，可以將主謂句分成基本句型和結構標誌類。基本句型包含動謂句、形謂句、名謂句；結構標誌類包括「把」字句、「被」字句、連動句、兼語句、主謂謂語句、雙賓語句、存現句、「是」字句、「連」字句、「對」字句和「比」字句等。

　　至於功能分類，呂叔湘（1979）先提出「按一個句子在一串句子裡的地位和作用，也就是按功能來分類，可以分為始發句和後續句。」，吳為章（1994）和陳昌來（2000）則是將句子分成始發句[1]、後續句和終止句[2]。依各種不同的分類法，將漢語的句子類型做一個整理，如表 3-1。

---

[1]　根據吳為章（1994）的說法，始發句也被人稱為起始句或發端句。

[2]　謝錫金、王寧等（2005)提到：按照句群中的地位和作用，可以把句子分為始發句、後續句、終止句、中心句和獨立句五種。因本研究部分文本篇章過小，不適宜使用如此細分的方式，僅以吳為章和陳昌來的說法為依據。

表 3-1　漢語句子的分類方式

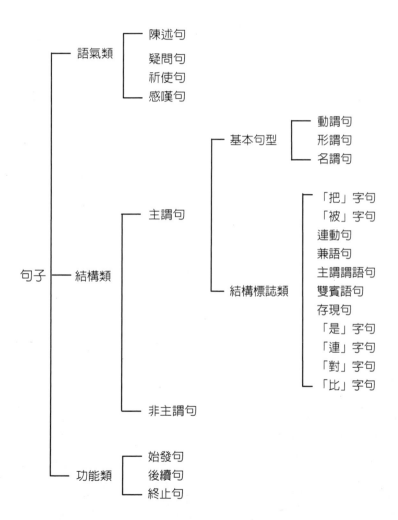

　　由於本論文著重於討論數學教科書的語言表達方式，因此，適合使用依功能來分類的說法，透過形式的銜接和意義的結合，達到了解文字描述的目的。依照陳昌來（2000）提出的功能類句子角度，可將數學教科書中的問題句群分為以下三種：

一、始發句

　　張拱貴、沈春生（1991）認為「位居句群之首的那個或那一、二個句子，在表達形式上具有不可或缺性，在表意功能上具有思維活動的起始性，這是起始句的兩大基本特性。」始發句指的是一個句群或一個段落的第一句話，它永遠處於句群首或「段首」，反應思維的起始性，後面一定要有後續句；如果沒有後續，就沒有所謂的始發，這是相對應的。

　　始發句能表達具體的意義，它可以是話語的中心，也可以是引領話題和交代背景等，在論著類的文章尤為明顯。論著時常把概括提示段落中心思想、位居自然段之首的第一個句子或句群稱作起始句。根據吳為章（1994）的說法，位居第一個位置的句子，作用同等於始發句的，在書面語裡，以議論文、說明文居多，記敘文次之；在口語面談時，話劇和記敘文裡的人物對話更次之。

　　在文章中，具備引導的句子往往是始發句，一般來說，記敘文中始發句會經常出現時間、處所的詞語。由於開頭位於整個篇章的最前面，因此，對於開啟後面問題的情境假設具有概括性的地位。例如：

　　　　在飛行控制中心，一排排電視屏幕上，頻頻變換著五顏六色的數碼，自動記錄儀在顯示板上輕輕地描下了火箭飛行軌跡的曲線。這條曲線，與事前標上去的理論彈道曲線緊密地吻

合在一起。它形象地告訴人們：火箭內部儀器工作正常，火箭飛行正常！（轉引自吳為章，1994；新華社記者《飛向太平洋——我國運載火箭簡明發射試驗目擊記》）

上文中的始發句描述了事情發生的地點與環境，當讀者看到「飛行控制中心」的文字，就會在腦海中逐漸形成一個畫面，隨著閱讀的內容而豐富場景，這也就是張斌（2005）提到的：能夠起預測作用的語言單位，有發端句和後續句，而且「聽到發端句，預測後續句，這是較常見的現象。」

二、後續句

後續句是緊承始發句的句子，它可以由一個句子充任，也可以是好幾個句子，來反映思維的續發性；從語言使用的事實來看，文章中會大量使用了後續句，這是因為它是訊息傳遞的主體。一個後續句表達的意義，與它相連結的始發句的情況而定，有可能是承接始發句的作用，也有可能是開啟後面句群的的始發，因為它兼具表意活動的連續性問題，及語言表達的層次性問題，很難做細緻的分類描寫。

吳為章（1994）提出後續句的獨特性為：常使用省略主語的方式出現，而且通常會和其他句子（多半是上文）有回指的關係。以語言使用的事實來看，後續句是傳遞信息的主要載體，不僅數量大、種類多，使用頻率也高；一個句段可以沒有始發句，也可能沒有終止句，卻不能沒有後續句，因為後續句是不可省略的。

由於始發句提出的是一個概括性的情境描述，因此後續句的閱讀理解就顯得更為重要，透過後續句，不但能框限住範圍，還可以增加具體化的假設。在數學情境的文字描述裡，展開的部分往往決

定了爾後所需要採用的運算方式，通常會有一句到數句，展開的句子越長，也就增加了題目的困難度和複雜性。由於數學具有連貫性的邏輯特徵，因此，在連續的展開句子中，通常會依照出現的順序來處理。

三、終止句

終止句是一個句群尾端總結或結束某一個話題的作用的句子，反映思維的結束，但並非所有處於句群或段落尾的句子都是終止句，因為後續句和終止句的界線是不分明的；只有在總結或結束某一話題的作用，而且處於句群尾和句段末的句子，才是終止句，在論著裡，終止句具有總結呼應文本中心思想的功用。

不同文體，使用的終止句也會不同。記敘文因為敘寫手法差異大，因此終止句並無規律，議論文和說明文則多少有些相對的形式，呂叔湘（1979）就曾經說過：一段結尾的句子可能有標誌，但是不一定有。有標誌做為終止句的，有四大類型，包含「總之」和「這樣看來」等多種關連詞的句子、深化事物的問句、「是」字句的判斷句式及表達祈使祝福等。

學數學的目的，不外乎就是要解決生活上的問題，因此教科書的內容設計，情境結尾通常就是直接陳述需要解決的問題所在，也就是以疑問句做為結尾，因此，在本研究中後續句與終止句的區分上相當清楚。

第二節 句群

本節根據上一節所討論的句式的功能分類方法，把數學問題分割為始發句、後續句和終止句三個部份，再依照句式的描述類型，將問題句群[3]分成幾個大類別，舉例[4]分述如後：

一、**存現句**+**存現句**+**疑問句**：使用存現句能夠表達具體的情境，因此通常在較低年級就出現。

　　例一：草地上有 5 隻貓，又來了 3 隻貓，共有幾隻貓？

【Ⅰ-七-1.2】

二、**主謂句**+**存現句**+**疑問句**：一般主謂句當作始發句，表示一種普遍性的情況。

　　例二：婷萱買了 6 包彩球，每包有 5 個，共有幾個彩球？

【Ⅲ-八-2.2】

三、　*****　+**存現句**+**疑問句**：被省略始發句的句群，突顯後續句的重要性。

　　例三：牧場裡有 18 隻母牛和 4 隻公牛，牧場裡共有幾隻牛？

【Ⅱ-七-1.3】

---

[3] 疑問句是採用語氣的角度來看，不是句式，但為了表示完整的題目型態，故仍列出，以下句群表示方法皆同。

[4] 挑選例子的原則，以出現較早的典型句段當作說明；出現的較早，描述未必比較簡單，僅考量句子的類型來舉例說明，不考量難易情形。

四、**存現句**+**「比」字句**+**疑問句**：使用「比」字句來提高描述難度。

例四：姐姐有 15 張貼紙，妹妹比姐姐少 6 張，妹妹有幾張
貼紙？

【Ⅱ-五-2.3】

五、　**＊**　+**主謂句**+**疑問句**：省略始發句，但後續句的描述簡單。

例五：12 個球平分成 3 盒，每盒有幾個球？

【Ⅳ-八-2.4】

六、**連動句**+**存現句**+**疑問句**：說明文中特殊的始發句用法，採用
省略主語的連動句。

例六：集滿 10 個章就可以換禮物。小婷已經有 8 個，還要
再收集幾個，才可以換到禮物？

【Ⅰ-九-1.7】

七、　**＊**　+**「把」字句**+**疑問句**：省略始發句，直接使用特殊標
誌當作後續句，表示強調的重點。

例七：慈善團體把 3060 冊兒童讀物平分給 36 個偏遠地區的
學生閱讀，每個地區最多可分得多少冊？

【Ⅷ-三-6.1】

八、**存現句**+**疑問句**+**存現句**：疑問句被提前，但仍處於終止句的
地位，此類型題目事實上和「存現句+存現句+疑問句」雷同。

例八：君君有 7 元，再存幾元，就可以買 1 把 12 元的尺？

【Ⅱ-五-2.4】

九、主謂句+主謂句+疑問句：基本的句段結構。

> 例九：8 個小朋友分組玩兩人三腳，每 2 人一組，可以分成幾組？
>
> 【IV-八-1.1】

十、連動句+連動句+疑問句：在數學問題篇章中，會出現連續使用省略主語的始發句，這是數學問題描述迥然於其他文本的地方。連動句的描述，在數學中屬於較為複雜的類型，因為缺乏具體的主語來形成銜接，需從語意上找到關聯性。

> 例十：做 1 個裝飾花要用 0.85 公尺的緞帶，用 1 捲 10.5 公尺的緞帶做 8 個裝飾花後，會剩下多少緞帶？
>
> 【IX-三-3.3】

十一、主謂句+連動句+疑問句：用主謂句當始發句，比起「連動句+連動句+疑問句」的描述更具體。

> 例十一：1 條緞帶長 $\frac{6}{7}$ 公尺，倫倫做 1 朵緞帶花用去 $5\frac{1}{4}$ 條，他共用了多少公尺的緞帶？
>
> 【XI-二-2.8】

十二、是字句+是字句+疑問句：此種類型在記敘文中經常出現，屬於基本句群類型。

> 例十二：1 正方體的表面積是 0.4782 平方公尺，1 長方體的表面積是 0.7281 平方公尺，它們的表面積合起來是幾平方公尺？
>
> 【XI-三-3.1】

十三、 　＊　+**連動句**+**疑問句**：這種句段雖然缺少始發句，但因
　　　　為連動句有主語，降低了語意的難度。

　　　例十三：弟弟用西卡紙剪出 1 個底是 $\frac{4}{15}$ 公尺，高是 $\frac{12}{10}$ 公
　　　　　　　尺的平行四邊形，這個平行四邊形的面積是多少平
　　　　　　　方公尺？

　　　　　　　　　　　　　　　　　　　　　　　　【XI-二-2.7】

　　　根據上述的句段類型，將不同年級的數學問題加以分類後歸納
統計，結果如下表 3-2：

表 3-2　句群的句式類型統計表

句群的句式類型 ＼ 冊別	I＋II	III＋IV	V＋VI	VII＋VIII	IX＋X	XI＋XII
存現句+存現句+疑問句	21	28	13	1	8	5
主謂句+存現句+疑問句	4	10	22	16	8	8
＊+存現句+疑問句	3	19	5	4	3	
存現句+「比」字句+疑問句	2	4	4			
＊+主謂句+疑問句		8	6	24	16	11
連動句+存現句+疑問句	1	1				
＊+「把」字句+疑問句				3	9	
存現句+疑問句+存現句	1			1		
主謂句+主謂句+疑問句		1			5	12
連動句+連動句+疑問句					1	1
主謂句+連動句+疑問句						1
是字句+是字句+疑問句						2
＊+連動句+疑問句						1

依照統計結果，可以得到各學習階段的教材編排現象：

一、低年級

依照句群組成來看，出現比例最高的是「存現句+存現句+疑問句」的結構，在一年級出現 21 句，二年級出現 28 句，共有 49 句，占全部句子的 47.1％。其次是「　＊　+存現句+疑問句」[5]的結構，在一年級出現 3 句，二年級出現 19 句，共有 22 句，占全部句式的 21.1％。因此，可以清楚看到低年級的題目敘述不但簡單，也多以存現句的形式出現，方便學生能夠運用生活經驗和以具體想像來進行數學思考。

在始發句中，有 54 句以存現句作為敘述的第一句，占全部句子的 52.8％，其次是普通的的主謂句，占 23.2％，省略始發句的有 21.1％，可見始發句在低年級的使用上多半和後續句相關。

在低年級課程中，僅出現 2 句較為特殊的描述句式，各別是「連動句+存現句+疑問句」和「存現句+疑問句+存現句」。疑問句的提前，可以視作和疑問句在後為同一類，並不影響句式的困難度，故僅有連動句的描述較為罕見。

二、中年級

依照句式組成來看，出現比例最高的是「存現句+主謂句+疑問句」的結構，在三年級出現 22 句，四年級出現 16 句，共有 38

---

[5]　此種句群組合因為缺乏始發句，採直接鋪陳描述，故不納入始發句的討論當中。

句，占全部句子的 38％。其次是「　＊　+主謂句+疑問句」的結構，在三年級出現 6 句，四年級出現 24 句，共有 30 句，占全部句子 30％。因此，可以清楚看到中年級的題目敘述結構並不複雜，以主謂句的形式出現居多。

在始發句中，有 50 句以存現句作為敘述的第一句，占全部句子的 50％，但後面銜接的後續句較少仍是存現句，僅有 14％。比較特別的是，在中年級的課程內容中，始發句的地位降低，始發句和後續句的位置甚至可以調換，也不影響題意的描述性。

在中年級課程中，出現了 30％的「　＊　+主謂句+疑問句」的結構，且非常明顯集中在四年級的「乘法」和「除法」的單元，雖然乘法是連續相同數字的累加、除法是連續的減法，但為了要讓學生能夠熟練新的表達方式，故將相同的題型反覆出現，以達到精熟的目的。

在特殊句式方面，除了低年級出現過的「連動句+存現句+疑問句」句型，還出現了「連動句+主謂句+疑問句」；「把」字句的句子也有 3％的比例，顯示中年級的學生需要花較多時間去辨認不同描述方式的題目。

三、高年級

依照句式組成來看，出現比例最高的是「　＊　+主謂句+疑問句」的結構，在五年級出現 16 句，六年級出現 11 句，共有 27 句，占全部句子的 29.7％。其次是「主謂句+主謂句+疑問句」和「主謂句+存現句+疑問句」的結構，各有 17 句和 16 句，占全部句子的 18.7％和 17.6％。由此可知，高年級的題目敘述結構並不複

雜，以主謂句的形式出現居多，主要是因為高年級的數學著重在新的「數概念」[6]建立，並非題意。

以題目句式來看，高年級的題目始發句地位降低，有 32.9％的題目沒有出現始發句，從這個觀點來看，題目已經擺脫低年級的情境描述式，漸漸由具體情境轉為抽象的敘述。

在特殊句型方面，「把」字句的句子有 9.9％的比例，新出現 2 句是字句的描述法，連動句的比例提高，占 4.4％。

題目總數來說，高年級題目數量最少，但由於數字已由正整數趨向小數甚至分數，讀題上會增加理解困難[7]，因此即便文字敘述簡單，卻可能未必因而讓學生感到輕鬆簡單。

第三節　銜接與連貫

語篇的銜接和連貫是篇章語言學的重要概念。Halliday 在 1962 年首先提出銜接的概念，並在 1976 年和 Hasan 共同發表 Cohesion in English，使得銜接成為篇章語言學廣泛使用的術語。所謂的銜接，指的是篇章中的形式上的連貫關係，以達到語意的完整貫徹。

Hoey（1991）認為銜接是句子間連接的手段和方法，Nunan（1993）把銜接看做是句子間的形式銜接，使得句與句之間連結在一起的一種手段，Berry（1994）則提出透過銜接和語域就可以形

---

[6] 這裡所謂的數概念，指的是融入更多的小數和分數的運用，讓學生使用非正整數的數字來進行題目的運算。

[7] $\frac{2}{7}$ 對學生來說，是讀做七分之二，比起 2 和 7，增加更多的閱讀理解時間。

成篇章的說法。本研究將依照 Halliday 的說法，將銜接手段分成指稱（reference）、替代（substitution）與省略（ellipsis）[8]、連接（conjunction）、詞彙銜接（lexical cohesion）等四大類，並參考黃國文（1988）和胡壯麟（1994）的解釋與界定，探討數學教科書中的銜接關係。

一、指稱

　　指稱關係，指的是句子中的連接關係，使用代詞來表達語意，這些指稱詞所指的特定對象，可以在上下文中找到，也可以存在讀者的知識裡。指稱銜接關係又分成三類：人稱指稱關係（personal reference）、指示指稱關係（demonstrative reference）和比較指稱關係（comparative reference）。

（一）人稱指稱

　　人稱指稱關係的指稱詞多半為第三人稱代詞，如例[9]十四~十六中的他、他們。

　　　　例十四：小志有 23 張卡片，哥哥又給<u>他</u> 6 張，小志共有幾

　　　　　　　　張卡片？

　　　　　　　　　　　　　　　　　　　　　　　　　【Ⅱ-七-1.2】

---

[8]　Halliday 和 Hasan 一開始將省略和替代當作兩種銜接手段來處理，也提出省略事實上可以稱為零位替代，因為在形式上，省略就是零替代的用法，因此，在 1985 年，Halliday 將兩者合併成為一類。

[9]　因本研究範圍內的數學教科書文本數量相當大，此處僅挑選幾個例子說明。例子的挑選原則是：儘量低中高年級各有一個例子，依照出現的先後順序來選擇，若不夠典型則再往下找。

例十五：欣欣帶了 300 多元，玲玲帶了 450 元，**她們**想合買 1 個 900 元的玩偶當禮物，她們的錢夠不夠？

【V-二-4.1】

例十六：每塊大餅一樣大，阿文、阿得和小蘭各拿 $\frac{2}{7}$ 塊大餅，**他們** 3 人共拿了幾塊大餅？

【X-四-1.1】

當閱讀時看到「他」、「他們」，從上文中就可以輕易找到所指稱的對象為何，達到連貫的目的。

（二）指示指稱

指示指稱的指稱詞指的是指示代詞和定冠詞或時間指示詞，在本研究範圍內的數學教科書中，並無涉及相關的描述，故不討論。

（三）比較指稱

篇章中如果提到比較的詞語時，我們便會在上下文中尋找比較對象的其他語詞，就自然形成了上下文連接的手段，形成比較指稱關係，因為單句中的比較對篇章的價值性偏低，故比較指稱必須是與上下文相關連的描述，經過照應後能理解的，才列入此範疇。

例十七：漂亮鞋店昨天賣出 7 雙鞋子，今天**比**昨天多賣出 27 雙，今天賣出幾雙鞋子？

【II-七-1.4】

例十八：農場今年種了 1499 棵番茄，**比**去年少種了 501 棵，去年種了幾棵番茄？

【V-二-2.4】

例十九：紅彩帶長 $2\frac{2}{5}$ 公尺，藍彩帶長 $1\frac{1}{2}$ 公尺，綠彩帶長 $1\frac{7}{8}$ 公尺，紅彩帶和藍彩帶合起來<u>比</u>綠彩帶長幾公尺？

【X-二-3.3】

在例十七中，為了知道比較的項目為何，必須從上文中查找，因此構成形式銜接；同理，例十八和例十九亦同。

二、省略和替代

省略，是將句子中的一些基本結構成分省去不寫。依照句子的觀點來看，這些成分是有存在的必要，但書寫者假定這些部分在語境中已經非常清楚，不必再提出，因此，這些省略的部分需要借助上文的協助才能顯現，也就形成了銜接。而替代，其實可以看做是將原本應該省略的詞語，利用替代詞語的形式來體現。省略的類型，可以分成三類：名詞型、動詞型和小句型[10]。

（一）名詞型

例廿： 魚缸裡有 8 條魚，再放進 3 條（魚），魚缸裡共有幾條魚？

【Ⅱ-四-2.1】

例廿一：王叔叔上星期賣了 3800 顆草莓，這星期賣了 4150 顆（草莓），兩星期共賣了幾顆草莓？

【V-二-2.1】

---

[10] 下文的例子中，研究者根據上下文，把省略的詞語找出，並利用括號來標記，以示區別原本的題目和完整的題目敘述有什麼差異。

例廿二：冰箱裡有 $\frac{10}{12}$ 盒冰棒，吃掉 $\frac{3}{6}$ 盒（冰棒）後，冰箱裡還剩下幾盒冰棒？

【X-二-2.1】

（二）動詞型

此類型在此研究範圍中並未出現，故不討論。

（三）小句型

例廿三：小真把 54 公斤的紅豆，分裝成每袋 1.8 公斤[11]，（小真把 54 公斤的紅豆）全部裝完，共可裝成多少袋紅豆？

【XI-五-1.2】

三、連接

黃國文（1988）將連結稱作邏輯關係語，它是透過參照篇章的其他部分，才能夠理解篇章的關係，通常是透過連接詞、副詞或詞組。Halliday 和 Hasan 把連接分成四種類型：增補型（additive）、轉折型（adversative）、原因型（causal）和時間型（temporal）。

---

[11] 此題目敘述若改成「小真有 54 公斤的紅豆，每 1.8 公斤分裝成一袋，全部裝完，共可以裝成多少袋紅豆？」，較符合本研究設計的小句切割原則；若依照原本題目敘述，則「小真把 54 公斤的紅豆，分裝成每袋 1.8 公斤」算做一個小句，較為恰當。

（一）增補型

例廿四：8 個小朋友分組玩兩人三腳，**每 2 人一組**，可以分

　　　　成幾組？

【Ⅳ-八-1.1】

這裡的「每 2 人一組」事實上是對於分組的方式進行補充，標示添加的複現訊息。

（二）轉折型

此類型屬於記敘文文類才會出現的連接方式，在說明文中並不需要，因此不討論。

（三）原因型

此類型屬於記敘文文類才會出現的連接方式，在說明文中並不需要，因此不討論。

（四）時間型

時間型的連接方式，通常表示動作的順序性，讓讀者可以清楚了解先後發生的次序性，如例廿五～廿七。

例廿五：文文**上午**摺 7 隻紙鶴，**下午**摺了 22 隻，文文共摺

　　　　了幾隻紙鶴？

【Ⅲ-三-1.3】

例廿六：王叔叔**上星期**賣了 3800 顆草莓，**這星期**賣了 4150

　　　　顆，兩星期共賣了幾顆草莓？

【Ⅴ-二-2.1】

例廿七：水果行<u>有</u> $5\frac{5}{8}$ 箱橘子，<u>賣出</u> $3\frac{5}{6}$ 箱後，<u>又進貨</u> $1\frac{2}{3}$ 箱，現在水果行有幾箱橘子？

【X-二-3.4】

四、詞彙銜接

Hoey（1991）認為詞彙銜接是銜接中最重要的形式，占篇章中銜接的 40％，句子間的詞語透過這種方式達到貫穿篇章的連結，造成連續性。詞彙銜接的關係有兩種：重述（reiteration）和搭配（collocation）。

（一）<u>重述</u>

所謂的重述大致上與重複相同，重述還可以包含重複、同義詞、近義詞、上下義關係、廣義詞。在本研究範圍內的文本，是以重複的形式出現，屬於最基本的重述型態[12]。

例廿八：草地上有 5 隻<u>貓</u>，又來了 3 隻<u>貓</u>，共有幾隻<u>貓</u>？

【Ⅰ-七-1.2】

例廿九：快樂農場準備了 4500 個<u>徽章</u>，週休 2 日分別賣出 1006 個和 983 個<u>徽章</u>，還剩下幾個<u>徽章</u>？

【Ｖ-四-3.2】

---

[12] Cook（1989）認為使用簡單的重複只會造成不好的文體，所以提出「高雅的重複」（elegant repetition）的說法，即使用同義詞、上下義關係、廣義詞來替代；但這樣的使用，是需要考量語域的，對話中使用會顯得矯情，法律文書中使用會引起歧義。

例卅：1 捆**紙藤**長 96 公分，姐姐做花瓶用掉 $\frac{9}{8}$ 捆**紙藤**，做花籃用掉 $\frac{13}{12}$ 捆**紙藤**，姐姐共用掉幾捆**紙藤**？

【X-二-1.3】

（二）搭配

搭配，就是語意相關聯的詞語，這些詞語間的關係是共現（co-occurrence），因為搭配可以是開放詞類（open class）和封閉詞類（closed class），所以在銜接手段中最具爭議。這種詞彙關係的銜接手段，依賴讀者的背景知識，因此在確認上會比其他手段更有難度。

例卅一：媽媽買了 22 個橘子、24 個香瓜和 33 個蘋果，共買了幾個 水果 ？

【IV-三-1.2】

例卅二：王叔叔的休閒農場裡種了 163 棵玫瑰和 225 棵向日葵，共種了幾棵 花 ？

【V-二-1.1】

在例卅一中，水果屬於上位概念的總稱，橘子、香瓜和蘋果則是下位的詞語，例卅二亦同，這些共現的語彙在語意上形成連貫。

第四章　局部概念：句式

　　漢語中的句子，可以分為主謂句和非主謂句，其中主謂句的動詞謂語句最複雜，兼具特殊的標誌型態。本章根據陳昌來（2000）所提及的結構標誌類，將數學教科書中出現的特殊標誌句式，提出「比」字句、「把」字句和連動句，針對句法結構和語意詳細地探討。

第一節　「比」字句

　　「比」字句是現代漢語中常用來表示比較的句式，它由介詞「比」組成的介賓短語在句式中當作狀語，針對人或事物進行比較，用以呈現出某一方面的差距。「比」，在《現代漢語虛詞詞典》中的解釋為「引進比較對象。比較性質、狀態、程度。」

　　張先亮、范曉等（2008）曾針對各種文體的語言進行抽樣調查，發現「比」字句在不同語體中呈現使用頻率的差異：在敘述性文體和說明文體中的使用頻率較高[1]，因為這類型的語體常會涉及不同事物或同一事物的不同方面比較。因此，首先針對數學教科書中的「比」字句句式的結構、出現分布與功用，做一個探討。

---

[1]　詳見張先亮、范曉等（2008：287）。「比」字句在不同語體中出現的頻率差異很大，以每一萬字中出現「比」字句的句數做統計，文藝語體出現 2.651 句、科技語體出現 1.855 句、政論語體出現 1.453 句、公文語體出現 0.039 句。

依據范曉（1998）和張先亮、范曉等（2008）的說法，「比」字句的分析可以從句法結構以及與上下文的關係來做一個探討。

一、句法結構

「比」字句[2]依據構成部分來看，可以分成五個部分：比較主體、比較客體、比較標記、比較點[3]和比較值。如：「機車的速度比腳踏車快。」這個句子，「機車」是比較主體，「腳踏車」是比較客體，「比」是比較標記，「速度」是比較點，「快」是比較值。現依此原則將數學教科書中所出現的「比」字句進行分析，如表 4-1。

表 4-1　數學教科書中的「比」字句結構

題號	比較主體	比較點	比較標記	比較客體	比較值
【Ⅱ-五-2.3】	妹妹	（貼紙）	比	姐姐	少 6 張
【Ⅱ-七-1.4】	今天	（鞋子數量）	比	昨天	多賣出 27 雙
【Ⅲ-三-1.5】	羊	（總數）	比	牛	多 37 隻
【Ⅲ-三-1.7】	姐姐	（珠子數量）	比	她（婷婷）	多 85 顆
【Ⅲ-五-1.2】	小玲	（錢）	比	她（小娟）	少 8 元
【Ⅲ-五-1.5】	汽水	（罐數）	比	果汁	多 13 罐
【V-二-1.4】	這個月	參觀的人數	比	上個月	多 138 人
【V-二-2.2】	四月分	（電費）	比	三月分	多 826 元
【V-二-2.4】	（今年）	（番茄棵數）	比	去年	少種了 501 棵
【V-四-1.4】	這個月	參觀的人數	比	上個月	少 67 人

---

[2]　在文本的篩選時，若出現「A 和 B 那個比較大」的問題時，因為只是比較數的大小，不需要考慮上下文的描述，故不討論。這裡的文本僅就涉及上下文文意的「比」字句進行討論。

[3]　小句中的「比」字句常會出現省略比較點的情況，表格中括號的部分是根據上下句所補充標示。

　　在數學教科書中的文本，屬於肯定「比」字句的有 6 句，屬於否定「比」字句的有 4 句；肯定「比」字句是為了凸顯比較主體和比較客體之間的差距，也就是所謂的「示差」，而否定「比」字句則是為了表達「返同」的作用。一般來說，篇章中肯定「比」字句運用比較普遍，頻率高於否定「比」字句，此教科書的撰寫內容符合一般的篇章結構。

二、比較主體的出現分布

　　從句法結構的角度來看，比較主體位於比較標記之前。出現在句首的比較主體，當作句子的主語，但有一類的「比」字句會省略比較主體。

　　　例卅三：農場今年種了 1499 棵番茄，（今年）比去年少種了

　　　　　　501 棵，去年種了幾棵番茄？

　　　　　　　　　　　　　　　　　　　　　　　　【V-二-2.4】

其被省略的比較主體是與比較客體相對應的時間詞「今年」，透過語境的描述，只說出相對應的比較客體。在這種句子中，比較主體因承襲上文而顯得連貫，若不是省略，也常會使用代詞來讓表達更為簡練。

　　比較主體若與下文的主語相同，可達到身兼語法的主語和語用的主體兩種身分，形成前後互相銜接的主題鏈描述。

　　　例卅四：牧場裡有 55 隻牛，羊比牛多 37 隻，羊有多少隻？

　　　　　　　　　　　　　　　　　　　　　　　　【III-三-1.5】

例卅五：上個月來休閒農場參觀的人數有 964 人，<u>這個月</u>參
觀的人數比上個月多 138 人，<u>這個月</u>有幾個人來農
場參觀？

【V-二-1.4】

三、比較客體的出現分布

所謂的比較客體，相對於比較主體，就是參與比較的參照；從
句子結構來看，比較客體位於比較標記之後，和介詞「比」組成介
詞短語。因為比較客體和比較主體互相對應，因此兩者具有相同的
詞性與句法功能；較為不同的是，比較客體通常不省略，或是僅部
分省略[4]。

例卅六：<u>姐姐</u>有 15 張貼紙，妹妹比<u>姐姐</u>少 6 張，妹妹有幾
張貼紙？

【Ⅱ-五-2.3】

例卅七：<u>小娟</u>有 39 元，小玲比<u>她</u>少 8 元，小玲有幾元？

【Ⅲ-五-1.2】

四、比較點的出現分布

在「比」字句中，最複雜的部分是比較點，因為比較點有時會
省略，有時只出現一部分，有時候卻又可以重複出現。一般來說，

---

[4] 所謂的部分省略，指的是使用指稱來達到銜接。

因為比較點通常會和比較值相互呼應，所以可以從上下文得知比較點是甚麼，或者，可以從比較值的性質得知其文本想要表達的比較點為何。如：

> 例卅八：漂亮鞋店昨天賣出 7 雙鞋子，今天比昨天多賣出
> 27 雙，今天賣出幾雙鞋子？

【Ⅱ-七-1.4】

在上面的例子裏，「今天」指的不只是單純的指時間概念的今天，因為後面的比較點「鞋子數量」被省略，所以題目要表達的比較指的是「今天賣出的鞋子」，同理，「昨天」指的是「昨天賣出的鞋子」，當然，也可以從比較值「多賣出 27 雙」或下文的「今天賣出幾雙鞋子」得知題目的完整描述應該是「漂亮鞋店昨天賣出 7 雙鞋子，今天（賣出的鞋子數量）比昨天（賣出的鞋子數量）多賣出 27 雙，今天賣出幾雙鞋子？」。

第二節　「把」字句

句式中，在謂語動詞前使用介詞「把」來引出受事，並對受事加以處置的一種主動句，稱之為「把」字句。《現代漢語虛詞詞典》中，「把」解釋為「表示使確定的事物接受處置而發生變化。表示使確定的事物受到影響而產生結果。」依照定義來看，「把」字句在使用上必須有明確的對象，透過這個介詞，讓賓語的名詞往前提，不僅表示動作的完成，也象徵數量的消失，形成所謂的「處置句」，使信息焦點能和主語更加貼近，以符合「從親到疏」的功用原則。介詞「把」也可以用「將」來替換，作用相同，但較少用。

　　從語用平面分析，「把」字句的意義有兩種：一種是處置意義，也就是以某種動作來處置名物；另一種是致使意義，也就是以某種動作來致使名物。因此，「把」字句也可以分成處置「把」字句和致使「把」字句；但這兩類都是以主題所表示的事物為視角來進行敘述的。由於「把」字句在篇章裡對於話題的連貫與一致有著重要的角色，因此本節依據陳昌來（2000）和張先亮、范曉等（2008）的論述，從基本結構以及與上下文的關係來分析「把」字句的意涵。

一、句法結構

　　「把」字句的構造，一般可分為三個基本部分：前段[5]、中段[6]和後段。如「妹妹把糖果吃完了」這個「把」字句，「妹妹」是前段，「把糖果」是中段，「吃完了」是後段。前段是主語，「中段+後段」是謂語，其中中段的「把」（或是「將」）字構成的介賓短語是狀語，用來當作修飾後段。

　　根據這個原則，把數學教科書中所出現的「把」字句，畫分成三個部分，如表 4-2：

---

[5]　這裡的前段、中段、後段，是以小句中的位置做一個切割，若小句中省略主語，則以*代替，若主語承襲上句，則用括號標註表示。

[6]　「把」字句是主謂句的一種，「把」字句中的中段和後段就是主謂句中的謂語。

表 4-2　數學教科書中的「把」字句結構

題號	前段	中段 （狀語=「把」+賓語）	後段
	主語	謂語	
【IV-八-2.3】	（套圈圈遊戲）	把 6 個圈圈	平分給小敏和小彥
【VIII-三-5.1】	*	把 545 冊兒童遊戲數學	平均分給 26 班
【VIII-三-6.1】	慈善團體	把 3060 冊兒童讀物	平分給 36 個偏遠地區的學生閱讀
【VIII-三-7.2】	*	將 857 張圖畫紙	平分給 121 位小朋友
【X-四-3.3】	*	把 $1\frac{3}{10}$ 公斤的櫻桃	裝成 1 盒
【X-九-1.3】	*	把 13 公升的礦泉水	平分成 5 桶
【X-九-1.4】	*	把 1 條長 18 公尺的繩子	平均剪成 24 段
【X-九-2.4】	奇奇	把 1 瓶 0.85 公升的番茄汁	倒滿 5 杯
【X-九-3.1】	芳芳	把重 0.9 公斤的麵粉	平分裝成 15 小袋
【XI-五-1.2】	小真	把 54 公斤的紅豆	分裝成每袋 1.8 公斤
【XI-五-1.3】	欣華	把 6 公尺的麻線	每 0.25 公尺剪成 1 段
【XI-五-2.1】	媽媽	把 0.8 公升的果汁	每 0.1 公升裝成 1 杯
【XI-五-2.2】	*	把 13.6 公斤的麥片	每 0.8 公斤裝成 1 罐
【XI-七-1.1】	（1 盒月餅有 10 個）	把 $\frac{4}{5}$ 盒	平分給 2 人
【XI-七-1.2】	*	將 $\frac{2}{5}$ 張紙	平分給 3 人

　　「把」字句的主語，一般來說都由名詞擔任，也可以承襲前一個句子的某個成分，或是隱含於句子中，不必敘述[7]。

---

[7]　詳見張先亮、范曉等（2008：153）。「把」字句的主語省略情況，在事務語體、政論語體和通俗科技語體省略現象幾乎高達 100%。

在數學教科書中，始發句的情境假設對學生來說相當重要，能讓學生有具體完整的想像；為了讓敘述看起來更加簡明，當始發句被省略時，使用「把」字句將賓語提前，可以幫助學生了解題意與情境假設，讓冗長的句子看起來結構精簡；因為是屬於假設情境，屬於一般的普遍性描述，重點擺在直接提前的賓語名詞組，即使缺乏始發句和省略前段的主語，也不影響題目描述的完整性。

二、賓語的出現分布

「把」字句中，賓語可以依照語境的不同分成兩類：一類是與篇章有關，也就是數學教科書中所出現的類型；另一種與篇章無關，因為所指涉的對象是有定的，是人人生活中熟知且獨一無二的，但在本研究範圍沒有出現，故不討論。

（一）有些「把」字句賓語和上文句子的主語同指，如：

例卅九：<u>套圈圈遊戲</u>，<u>把 6 個圈圈平分給小敏和小彥</u>，每人可以分到幾個圈圈？

【IV-八-2.3】

因為上文的句子中提到玩遊戲，因此賓語圈圈指的是套圈圈遊戲中所使用的東西，並非其他物品。

（二）當然，「把」字句賓語也可以和上文句子的主語同形同指，如：

例四十：1 <u>盒</u>月餅有 10 個，把 $\frac{4}{5}$ <u>盒</u>平分給 2 人，每人可得多少盒月餅？

【XI-七-1.1】

「把」字句中的賓語和上文主語相同、重複使用，不但能夠達到句子在形式上的銜接，更能增強語義上的連貫性，降低閱讀的困難度，使得學生更能專注於其他部分的文字描述。

（三）「把」字句在數學教科書的核心，是和下文後續句的關係，因為始發句（情境假設）越到高年級被省略的情況越普遍，再加上數學問題的關鍵往往是受到提問的影響，因此，在數學題目中，「把」字句賓語和下文的賓語往往是語意關聯或是所指相同。如：

例四十一：把 13 公升的礦泉水平分成 5 桶，1 桶是幾公升？

【X-九-1.3】

例四十二：將 $\frac{2}{5}$ 張紙平分給 3 人，每人可得多少張？

【XI-七-1.2】

在例四十一中，下文賓語是公升，和「把」字句賓語 13 公升的礦泉水在語意上是相關的；在例四十二中，「把」字句賓語則和下文賓語同形同指。

三、謂語動詞的出現分布

數學的「把」字句，通常是決定使用運算符號的關鍵，而關鍵的所在點，就是「把」字句的謂語動詞。最典型的句子就是在除法運算的單元中會出現像這樣的描述句型：「把……平均分給……，每……」，如例四十三和例四十四。

例四十三：<u>將</u> 857 張圖畫紙<u>平分給</u> 121 位小朋友，<u>每</u>位小朋友可以分到幾張圖畫紙？

【VIII-三-7.2】

例四十四：<u>把</u> 545 冊兒童遊戲數學，<u>平均分給</u> 26 班，<u>每</u>班最多可分得多少冊？

【VIII-三-5.1】

這是數學除法運算中，最常使用的描述句型。當我們想要把物品平分，求每一個單位量時，就能判斷這是除法問題。不過，若是後面接續的下文並不是求每一個單位量時，算法則截然不同。如：

例四十五：把 $1\frac{3}{10}$ 公斤的櫻桃裝成 1 盒，7 盒櫻桃共重幾公斤？

【X-四-3.3】

單看「把」字句，其實並無法判定使用的運算符號，但後續句出現了「共重」，因此，可以判定此句是屬於倍數關係，必須使用乘法。

第三節　連動句

現代漢語主謂句的複雜性，具體呈現出漢語獨特的風格。百年前的開始出現的語言論著，就是承襲外國語言學家的研究方法來研究現代漢語的語法，但漢語動詞並沒有分成像印歐語系的限定動詞

和非限定動詞用法，因此，連動句可說是漢語特有的句式，這也是早期學者對於這個句式的歧見較多的原因。

呂叔湘（1979）針對連動句提出了他的看法：很多連動式是前輕後重，可是也有前重後輕的情況，因此，凡是能夠畫分到其他句式的，就畫出去，如果從意義上分別是兩個部分的主次，就還是稱為連動式。范曉（1998）為此下了一個定義：連動句是由連動短語作謂語的句子，因此，它雖然只有一個謂語，但謂語的結構中心可以有兩個以上，這是形式上的一大特點。

簡單來說，連動句就是謂語由兩個以上的動詞和動詞性短語所組成，也可以說成是主連動句、連動謂語句，因為共用主語且沒有停頓，使得連動句比起非連動句顯得簡潔精練許多。根據劉月華（2001）所提出的看法，連動句的兩個動詞之間，必須存在著幾種情況：表示先後或連續發生的、後一個動詞是前一個動詞的動作目的、前一個動詞是後一個動詞的動作表示和兩個動詞表達的意思一樣但從正反兩方面來說明等。

范曉（1998）根據動詞短語出現的順序排列，將連動句的結構記作「動 $_1$+動 $_2$+動 $_3$⋯⋯」。因此本研究採用這個說法，將數學教科中出現的連動句，分析成主語和動 $_1$+動 $_2$+動 $_3$⋯⋯組成的連動短語，其結構如表 4-3：

表 4-3　數學教科書的連動句結構分析

題號	主語	連動短語			
		動₁		動₂	
【Ⅰ-九-1.7】	*	集滿	10 個章	換	禮物
【Ⅶ-三-3.6】	四年級學生	表演	大會操	排成	13 排
【Ⅸ-三-3.3】	*	做	1 個裝飾花	用	0.85 公尺的緞帶
【Ⅺ-二-2.4】	欣寧	用	$\frac{5}{7}$ 張包裝紙	折	1 朵花
【Ⅺ-二-2.7】	弟弟	用	西卡紙	剪出	1 個底是 $\frac{4}{15}$ 公尺，高是 $\frac{12}{10}$ 公尺的平行四邊形
【Ⅺ-二-2.8】	倫倫	做	1 朵緞帶花	用去	$5\frac{1}{4}$ 條

　　鄒韶華（2004、2007）認為連動句的中心問題，要在語境中來考量，並提出以下的看法：假如我們從語言應用的整體來考慮，即從成百上千甚至更多的這類例子來考察，就會發現動詞連用時，語意中心占了絕對的優勢。

　　　例四十六：集滿 10 個章就可以換禮物。小婷已經有 8 個，
　　　　　　　　還要再收集幾個，才可以換到禮物？

【Ⅰ-九-1.7】

在例四十六中，「換禮物」因為在下文重述，表示這是重點，因此是屬於前輕後重的類型。因此觀察動₂後面所接的名詞組，確實和

下文疑問句的主要語意有絕對的相關，因此，雖然連動句的謂語結構較為複雜，但仍可以透過形式銜接的方式找出蛛絲馬跡。

　　呂叔湘（1979）提出：始發句裡不大能使用你、我以外的指代詞，不大能省略主語和賓語。關於這點，是針對記敘文而言，因為記敘文的始發句不會省略主語，需要出現描述時間、空間和背景，但在數學問題篇章中，會出現省略主語的連動句當作始發句，這是數學問題描述迥然於其他文本的地方。數學教科書的始發句要陳述的是一般性的概念，不會因人而異，是一種常規的描述，所以使用的是全稱。

第五章 結論與建議

　　本研究旨在了解國小數學教科書中的語言表達方式，挑選「南一版」「數與量」的文字題，從篇章結構和句式來進行討論，以探討此主題的文字描述方式，和一般的記敘文體是否有所差異。先總結分析成果，了解國小數學教科書中的文字表達方式；再根據研究提出建議，供教科書編輯群、小學國語教師及未來研究者參考。

第一節 結論

　　國小數學教科書的語言表達，可以從兩方面來進行討論：

一、整體概念

（一）數學教科書中的語言表達同樣具有始發句、後續句和終止句的功能類分法；也可以用結構標誌類來分析各句式在句段中的特殊意義。

（二）數學問題的文字表達中，始發句多為存現句或一般主謂句，屬於簡單具體的陳述方式。

（三）高年級的數學題目中，經常出現省略始發句的情形。

（四）記敘文體的銜接手段可以分成指稱、替代與省略、連接和詞彙銜接四大類，其中指示指稱、動詞型省略、轉折型連接和原因型連接並未出現在數學教科書中。

二、局部概念

（一）「比」字句、「把」字句、連動句三種特殊結構標誌類的句式是數學教科書中較常出現的句式。

（二）「比」字句和上下文的形式銜接，是透過比較主體和比較客體之間的比較點差異來進行，肯定「比」字句出現的比例高於否定「比」字句。

（三）「把」字句的主語經常被省略，重點放在賓語和動詞謂語上。

（四）連動句因為動詞連用時而簡潔精練，可以透過上下文的銜接來判斷語意中心；也出現省略主語的連動句當作始發句，這是因為它要陳述的是一般性的常規概念，是數學問題描述迥然於其他文本的地方。

第二節　建議

一、對教育行政當局的建議

應訂出一套完整的數學問題描述句段，並依照國小學童的不同學習階段學習基本句式，使得教科書編輯者有依循的方向。

二、對教科書編輯群的建議

（一）針對現行數學教科書中各種句式進行分類，檢視各類句式的
出現頻率，以了解句式是否依照難易度編排。

（二）重視各類句式的呈現必須符合由易到難及重複出現的原則。

（三）教科書編輯要深入了解兒童心智發展狀況，並且必須具備基
本語法知識，以編出適合學童自學的數學教材。

三、對教學者的建議

（一）教學前應仔細分析教材，包含課本和習作，以了解教材編排
的難易度與設計符合學生的教學流程。

（二）進行數學教學時，教師應充分掌握語法知識，指導學生閱讀
數學文字題目。

（三）進行語文教學時，應考量跨學科教學的狀況，並鼓勵學生多
閱讀說明文體。

四、對未來研究的建議

（一）在研究對象上，可以針對坊間所有數學教材進行廣泛的研
究，並探討其他相關主題的問題描述方式；也可以針對不同
語言（如：英語和漢語）的數學問題表達結構上，進行深入
研究其差異。

（二）在研究主題上，本研究的重點在數學教科書中篇章結構的分析和句式的銜接與分布。建議未來研究可探究如何有效指導學生閱讀數學句式。

（三）在研究方法上，本研究是採用內容分析法，來分析數學教科書中的語言表達方式，並未進一步探究實際的教學情形與學生的認知學習情況。因此，建議未來研究者可以採用訪談法或行動研究，以了解教師如何進行句式教學與數學概念教學的結合，及學生學習的了解程度。

參考文獻

一、中文部分

（一）專書

王　力（1987）。《中國語言學史》。臺北：駱駝。

王文科、王智弘（2006）。《教育研究法》（第 10 版）。臺北：五南圖書出版社。

王秀麗（2008）。《篇章分析：漢法話語範圍導入詞對比研究》。北京：北京語言大學出版社。

王煥琛（1979）。《各國小學數學課程比較研究》。臺北：國立教育資料館。

朱德熙（1982）。《語法講義》。北京：商務印書館。

呂叔湘（1979）。《漢語語法分析問題》。北京：商務印書館。

侯學超編（1998）。《現代漢語虛詞詞典》。北京：北京大學出版社。

南一書局企業股份有限公司（2007）。《國民小學數學科課本》第一～十二冊。臺南市：南一書局企業股份有限公司。

胡壯麟（1990）。《語言系統與功能》。北京：北京大學出版社。

胡壯麟（1994）。《語篇的銜接與連貫》。上海：上海外語教育出版社。

范　曉（1998）。《漢語的句子類型》。山西：書海出版社。

高增霞（2006）。《現代漢語連動式的語法化視角》。北京：中國檔案出版社。

張先亮、范曉等（2008）。《漢語句式在篇章中的適用性研究》。北京：中國社會科學出版社。

張伯江（2009）。《從施受關係到句式語義》。北京：商務印書館。

張拱貴、沈春生（1991）。《句群與句群教學》。銀川：寧夏人民出版社。

張英傑、周菊美譯（2005）。John A. Van De Walle 原著。《中小學數學科教材法》（*Elementary and middle school mathematics teaching developmentally, 5th ed*）。臺北：五南。

張　斌（2005）。《現代漢語語法十講》。上海：復旦大學出版社。

教育部（2003）。《國民小學課程標準》。臺北：教育部。

陳昌來（2000）。《現代漢語句子》。上海：華東師範大學出版社。

黃光雄、簡茂發（1994）。《教育研究法》。臺北市：師大書苑。

黃政傑（1989）。〈美國中小學教科書問題的檢討〉。載於中華民國筆教教
　　育學會主編，《各國教科書比較研究》。臺北：臺灣書店。

黃國文（1988）。《語篇分析概要》。湖南：湖南教育出版社。

鄒韶華（2004）。《求真集：對漢語語法問題的一些思索》。上海：生活・
　　讀書・新知三聯書店。

鄒韶華（2007）。《語用頻率效應研究》。北京：商務印書館。

劉月華（2001）。《實用現代漢語語法》。北京：商務印書館。

劉辰誕（1999）。《教學篇章語言學》。上海：上海外語教育出版社。

錢敏汝（2001）。《篇章語用學概論》。北京：外語教學與研究出版社。

謝錫金、王寧等（2005）。《跨學科語法研究與應用》。香港：香港大學出版社。

藍順德（2006）。《教科書政策與制度》。臺北：五南圖書出版社。

蘇建文、幸曼玲等（1991）。《發展心理學》。臺北：心理。

（二）期刊

呂玉琴譯（1988）。〈加、減法文字題的分類、解題策略及影響因素〉。《國
　　民教育》，28（8-9），17-29。

吳昭容、黃一蘋（2003）。〈怎樣「簡化」數學文字題？〉。《國民教育》，
　　43（3），29-32。

吳為章（1994）。〈關於句子的功能分類〉。《語言教學與研究》，1，25-48。

幸曼玲（1994）。〈從情境認知看幼兒教育〉。《臺北市立師範學院初等教育
　　學刊》，3，165-188。

周玉秀（1995）。〈維高斯基心理學之基本論題──與幼兒教育學系座談〉。
　　《國民教育》，35（9-10），8-12。

易正明（1994）。〈語文教育有助於數學科之學習〉。《國教輔導》，34（1），
　　49-50。

周臺傑、范金玉（1986）。〈國民小學兒童數學能力及其相關因素之研究〉。
　　《教育學苑學報》，11，107-126。

黃　衍（1985）。〈試論英語主位和述位〉。《外國語》，39，32-36。

黃　衍（1987）。〈英語移位結構和主位述位〉。《外國語》，48，19-23。

陳世文、楊金文（2006）。〈以系統功能語言學探討學生對不同科學文本的閱讀理解〉。《師大學報》，51（1,2），107-124。

詹志禹（1997）。〈為什麼要讓我們的下一代害怕數學〉。《教育研究》，53，4-18。

藍順德（2004）。〈二十年來國內博碩士論文教科書研究之分析〉。《國立編譯館館刊》，32（4），2-25。

鍾　靜（1990）。〈從疑難問題談乘法文字題教學〉。《國教月刊》，36（9-10），33-35。

（三）學位論文

吳明穎（2002）。《國小數學教科書內容分析之研究》。屏東師範學院數理教育研究所碩士論文，未出版。

李金葉（2007）。《國小數學領域教科書角概念教材之內容分析》。國立臺中教育大學教育學系碩士論文，未出版。

李盈萩（2007）。《國小一年級數學教科書分析之比較研究》。臺北市立教育大學數學資訊教育研究所碩士論文，未出版。

李豪文（2007）。《從課程組織探討一到三年級數學教科書之幾何內容》。臺北市立教育大學課程與教學研究所碩士論文，未出版。

林美如（2006）。《中國、香港、臺灣國小數學教科書幾何教材之內容分析》。屏東師範學院數理教育研究所碩士論文，未出版。

林欣慧（2007）。《我國與美國小學數學教科書內涵之比較研究──以「整數」教材為例》。國立屏東教育大學數理教育研究所碩士論文，未出版。

侯雅婷（2008）。《國語教科書中說明文的篇章結構》。國立臺東大學語文教育學系碩士論文，未出版。

徐于婷（2008）。《臺灣、香港、中國國小數學教科書代數教材之內容分析》。國立屏東教育大學應用數學系碩士論文，未出版。

許雅婷（2008）。《臺灣國小高年級自然與生活科技領域教科書探究式教學內容分析之研究》。臺北市立教育大學自然科學系碩士論文，未出版。

陳甲辰（2001）。《我國國小中年級自然科教科書內容分析之比較研究》。國立屏東師範學院數理教育研究所碩士論文，未出版。

陳思勻（2007）。《民間版國小數學教科書編輯與使用情況調查：以一年級為例》。國立臺北教育大學數學教育研究所碩士論文，未出版。

麥昌仁（2003）。《國小數學教科書評鑑研究──以九年一貫第二學習階段為例》。國立中山大學教育研究所碩士論文，未出版。

張雅茹（2007）。《國小數學教科書全數教材取材生活化程度與類型之內容分析》。國立臺中教育大學教育學系碩士論文，未出版。

劉淑蘭（2005）。《國小數學教室中教師的學與教》。國立臺東大學教育研究所碩士論文，未出版。

劉順興（2008）。《國小一年級學童數學語文能力之相關研究》。國立臺中教育大學教育測驗統計研究所碩士論文，未出版。

廖曼伶（2007）。《國小二年級數學教科書內容之比較研究》。臺北市立教育大學數學資訊教育研究所碩士論文，未出版。

廖婉琦（2004）。《臺灣82年國編版數學教科書與美國Everyday Mathematics之內容分析比較研究：以幾何教材為例》。國立臺北師範學院數理教育研究所碩士論文，未出版。

蔡詩欣（2008）。《國小國語教科書中品格教育內涵之研究──1975 年至2006 年》。臺北市立教育大學課程與教育研究所碩士論文，未出版。

蔡麗蓉（2003）。《國小數學科審定本教科書分數教材之內容分析》。臺中師範學院國民教育研究所碩士論文，未出版。

蕭弘卿（2008）。《國小數學教科書分數乘法教材問題類型與表徵之分析》。國立臺中教育大學數學教育學系在職進修教學碩士學位班碩士論文，未出版。

（四）網路資源

教育部（2008）。九年一貫課程與教學網。2008 年 11 月 24 日，取自 http://teach. eje. edu. tw/9CC/index.php。

二、英文部分

Armbruster, B.B.（1986）.Schema theory and the design of content-area textbook. *Educational Psychologist*, 21（4）, 253-267.

Cook, G.（1989）.*Discourse*. Oxford: Oxford University Press.

Hoey, M.（1991）. *Patterns of Lexis in Text*. Oxford: Oxford University Press.

Halliday, M.A.K. & Hasan, R.（1976）.*Cohesion in English*. London: Longman.

Halliday, M.A.K.（1985）. *An introduction to functional grammar*. London: Edward Arnold.

Halliday, M. A. K., & Hasan, R., (1989). *Language, context, and text: Aspect of language in a socio-semiotic perspective.* Oxford: Oxford University Press

Halliday, M.A.K.& Martin, J.R. (1993). *Writting science: Literacy and discursive power.* London: The Falmer Press.

Halliday, M.A.K. (1994). *An introduction to Functional Grammar (2nd ed.).* London: Edward Arnold.

Martin, J.R. (1993) .Technology, bureaucracy and schooling:discourse resources and control. *Dynamics,* 6 (1), 84-130.

National Council of Teachers Mathematics(1989). *Curriculum and evaluation standards for school mathematics.* Reston, VA: Author.

National Council of Teachers Mathematics (2000). *Principles and standards for school mathematics.* Reston, VA: Author.

National Council of Teachers *Mathematics* (2006). *Expanding our reach.* Reston, VA: Author.

Nunan, D. (1993). *Discourse Analysis.* London: Penguin.

Tanner, D. (1988). *The textbook controversies.In L.N.Tanner* (ed.), Critical issues in curriculum, (122-147) .Chicago:NSSE.

Unsworth, L.(2000). *Researching language in schools and communities: SFL perspectives.* London and Washington [D.C.]: Cassell.

Unsworth, L.(2001).*Teaching miltiliteracies across the curriculum: Changing contexts of text and image in classroom practice.* Buckingham: Open University Press.

Unsworth, L., Thomas, A. & Bush, R. (2004). The role of images and image-text relationa in group'Basic Skills Texts'of literacy for children in the primary school years. *Australian Journal of Language & Literacy,* 27 (1), 46-66.

Veel, R.(1997). Learning how to mean-scientifically speaking. Apprenticeship into scientific discourse in secondary school.In F.Christie & J.R.Martin (Eds.), *Genres and institutons: social process in the workplace and school.*London: Cassell.

Veel, R. (1998). The greening of school science: Ecogenesis in secondary school.In Martin J.R., & Veel, R. (Eds.), *Reading sciences: Criticak and founctional perspectives on discourses.* London and New York: Routledge.

附錄

「南一版」九十六學年度「數與量」主題之文本

第一冊（一上）

【Ⅰ-七-1.1】姐姐有 4 顆草莓，妹妹有 2 顆草莓，兩個人合起來有幾顆？

【Ⅰ-七-1.2】草地上有 5 隻貓，又來了 3 隻貓，共有幾隻貓？

【Ⅰ-七-1.3】撈金魚大賽。

（1）平平第一次撈了 4 隻金魚，第二次沒有撈到，兩次合起來有多少隻金魚？

（2）安安撈了 7 隻金魚，玲玲比他多撈了 3 隻，玲玲撈了多少隻金魚？

【Ⅰ-七-1.4】套圈圈遊戲。小英第一次套中 3 個，第二次套中 3 個，兩次共套中多少個？

【Ⅰ-七-1.5】小強有 4 張卡片，哥哥又給他 4 張，小強共有多少張卡片？

【Ⅰ-七-2.2】小玉左手有 3 顆橘子，右手有 6 顆橘子，共有幾顆橘子？

【Ⅰ-九-1.1】樹葉上有 5 隻瓢蟲，飛走 2 隻，還有多少隻？

【Ⅰ-九-1.2】小羽有 7 輛玩具車，送給弟弟 3 輛，小羽還有多少輛？

---

[1]　第一冊單元一、六之教學目標為引進數的概念，不涉及量的計算，不予討論。

[2]　第一冊部分單元必須使用圖片配合操作，故刪去不討論。

【Ⅰ-九-1.5】有 3 個布丁，爸爸吃掉 3 個，還剩下多少個布丁？

【Ⅰ-九-1.6】投球遊戲，哥哥投進 8 個，妹妹沒有投進，哥哥比妹妹多投進幾個？

【Ⅰ-九-1.7】集滿 10 個章就可以換禮物。小婷已經有 8 個，還要再收集幾個，才可以換到禮物？

【Ⅰ-九-2.1】家裡有 7 個小矮人，5 個出門後，家裡還有幾個小矮人？

　　　　　　◎5 個小矮人回家後，家裡有幾個小矮人？

【Ⅰ-九-2.2】桌上有 6 個黃色花片、4 個紅色花片，桌上共有幾個花片？

　　　　　　（1）桌上有 10 個花片，拿走 6 個黃色花片，剩下幾個花片？

　　　　　　（2）桌上原有 10 個花片，剩下 4 個紅色花片，拿走幾個花片？

第二冊（一下）

【Ⅱ-四-1.1】花瓶裡有 8 朵紅花→ 插了 2 朵黃花→ 又插了 1 朵
　　　　　　紫花。
　　　　　　現在花瓶裡共有幾朵花？

【Ⅱ-四-1.2】樹上有 5 隻小鳥→飛來 4 隻→又飛來 6 隻。
　　　　　　現在樹上共有幾隻小鳥？

【Ⅱ-四-2.1】魚缸裡有 8 條魚，再放進 3 條，魚缸裡共有幾條魚？

【Ⅱ-四-2.2】小宇摺了 9 架紙飛機，小珍摺了 6 架，兩人共摺了幾
　　　　　　架紙飛機？

【Ⅱ-四-2.3】小莉有 5 枝筆，大明比她多 8 枝，大明有幾枝筆？

【Ⅱ-五-1.1】有 15 隻小熊布偶→拿走了 5 隻→又拿走 2 隻。
　　　　　　現在還有幾隻小熊布偶？

【Ⅱ-五-1.2】有 10 隻鴿子→飛走了 8 隻→又飛來 5 隻。
　　　　　　現在還有幾隻鴿子？

【Ⅱ-五-2.1】荷葉上有 15 隻青蛙，跳走 8 隻後，荷葉上還有幾隻
　　　　　　青蛙？

【Ⅱ-五-2.2】盤子裡有 13 顆櫻桃和 9 顆草莓，櫻桃比草莓多幾顆？

---

³　本單元教學目標為引進數的概念，不涉及量的計算，不予討論。
⁴　第二冊的單元涉及圖片參照、辨認之單元，不予討論。

【Ⅱ-五-2.3】姐姐有 15 張貼紙，妹妹比姐姐少 6 張，妹妹有幾張貼紙？

【Ⅱ-五-2.4】君君有 7 元，再存幾元，就可以買 1 把 12 元的尺？

【Ⅱ-七-1.2】小志有 23 張卡片，哥哥又給他 6 張，小志共有幾張卡片？

【Ⅱ-七-1.3】牧場裡有 18 隻母牛和 4 隻公牛，牧場裡共有幾隻牛？

【Ⅱ-七-1.4】漂亮鞋店昨天買出 7 雙鞋子，今天比昨天多賣出 27 雙，今天賣出幾雙鞋子？

【Ⅱ-七-2.1】阿亮有 28 顆巧克力，吃了 4 顆，還剩下幾顆巧克力？

【Ⅱ-七-2.2】冰店裡有 34 枝草莓冰棒和 4 枝巧克力冰棒，草莓冰棒比巧克力冰棒多幾枝？

【Ⅱ-七-2.3】閱讀區有 21 本兒童讀物，被借了 5 本，還剩下幾本兒童讀物？

【Ⅱ-七-2.4】叮噹有 34 個銅鑼燒，他比大雄多 8 個，大雄有幾個銅鑼燒？

第三冊（二上）

【Ⅲ-二-3.1】紅色彩帶長 4 公分，藍色彩帶長 9 公分，兩條彩帶合起來共長多少公分？

【Ⅲ-二-3.2】1 條繩子長 14 公分，姐姐串鈴鐺用了 7 公分，還剩下幾公分？

【Ⅲ-三-1.1】盒子裡有 52 顆牛奶糖和 34 顆水果糖，盒子裡共有幾顆糖？

【Ⅲ-三-1.2】小華有 83 元，他再存 5 元就能買 1 盒水彩，1 盒水彩要幾元？

【Ⅲ-三-1.3】文文上午摺 7 隻紙鶴，下午摺了 22 隻，文文共摺了幾隻紙鶴？

【Ⅲ-三-1.4】1 隻布偶賣 65 元，1 個皮球比布偶貴 8 元，買 1 個皮球要付幾元？

【Ⅲ-三-1.5】牧場裡有 55 隻牛，羊比牛多 37 隻，羊有多少隻？

【Ⅲ-三-1.6】袋子裡有 63 個果凍，再放進 75 個，袋子裡共有幾個果凍？

---

[5]　本單元教學目標為引進數的概念，不涉及量的計算，不予討論。

[6]　量詞間的互換，屬於數學量詞的定義，本研究不予討論。

【Ⅲ-三-1.7】婷婷有 39 顆珠子，姐姐比她多 85 顆，姐姐有幾顆珠子？

【Ⅲ-五-1.1】餅乾盒裡有 68 片餅乾，吃掉 25 片後，還剩下幾片餅乾？

【Ⅲ-五-1.2】小娟有 39 元，小玲比她少 8 元，小玲有幾元？

【Ⅲ-五-1.3】有 35 個人排隊參觀展覽，小明排在第 12 個，他後面還有幾個人？

【Ⅲ-五-1.4】小安有 72 元，買 1 枝鉛筆花了 6 元，小安還剩下幾元？

【Ⅲ-五-1.5】冰箱裡有 42 罐汽水，汽水比果汁多 13 罐，果汁有幾罐？

【Ⅲ-五-1.6】小麗有 90 元，想買 1 本 185 元的集郵冊還要幾元？

【Ⅲ-五-2.1】小玉有 16 本故事書，大毛借走 5 本，小玉還剩下幾本故事書？

【Ⅲ-五-2.2】兔子貼紙和櫻桃貼紙共有 31 張，兔子貼紙有 13 張，櫻桃貼紙有幾張？

【Ⅲ-五-2.3】王伯伯養了 44 隻公牛和 27 隻母牛，王伯伯共養了幾隻牛？

【Ⅲ-八-1.1】1 隻兔子有 2 個耳朵，3 隻兔子共有幾個耳朵？

（1）隻鳥共有幾隻翅膀？

（2）5 隻狗共有幾隻眼睛？

【Ⅲ-八-1.4】7 隻兔子共有幾個耳朵？

【Ⅲ-八-2.1】1 朵梅花有 5 片花瓣，4 朵梅花共有幾片花瓣？

【Ⅲ-八-2.2】婷萱買了 6 包彩球，每包有 5 個，共有幾個彩球？

【Ⅲ-八-2.3】1 串氣球有 5 個，9 串共有幾個氣球？

【Ⅲ-八-3.1】用乘法算式把做法記下來。

（1）小朋友跳舞，2 人 1 組，8 組共有幾人？

（2）1 袋有 5 條巧克力，媽媽買了 7 袋，共有幾條巧克力？

【Ⅲ-十-1.1】1 隻大象有 4 條腿，3 隻大象共有幾條腿？

【Ⅲ-十-1.2】1 隻牛有 4 條腿，9 隻牛共有幾條腿？

【Ⅲ-十-2.1】1 隻章魚有 8 隻腳，4 隻章魚共有幾隻腳？

【Ⅲ-十-2.2】1 條手鍊有 8 顆珠子，7 條手鍊共有幾顆珠子？

【Ⅲ-十-3.1】1 輛三輪車有 3 個輪子，4 輛三輪車共有幾個輪子？

【Ⅲ-十-3.2】1 盒有 3 個布丁，5 盒共有幾個布丁？

【Ⅲ-十-4.1】1 袋蘋果有 6 個，4 袋共有幾個蘋果？

【Ⅲ-十-4.2】1 隻螞蟻有 6 隻腳，5 隻螞蟻共有幾隻腳？

【Ⅲ-十-5.1】1 枝鉛筆賣 6 元，小軒買 4 枝要付幾元？

【Ⅲ-十-5.2】公園裡種了 5 排樹，每 1 排有 8 棵，共種了幾棵樹？

第四冊（二下）

【IV-二-2.1】一條繩子長 1 公尺，2 條繩子合起來有多長？3 條呢？
5 條呢？

【IV-二-3.4】書櫃高 205 公分，也就是幾公尺幾公分？

【IV-二-4.1】1 張桌子長 85 公分，2 張桌子排在一起，長幾公尺幾
公分？

【IV-二-4.2】1 條緞帶長 180 公分，妹妹做勞作用掉 60 公分，還
剩下多少緞帶？

【IV-三-1.1】奇奇買 1 個墊板、1 本筆記本和 1 個鉛筆盒，共要付
幾元？

【IV-三-1.2】媽媽買了 22 個橘子、24 個香瓜和 33 個蘋果，共買
了幾個水果？

【IV-三-1.3】參加校外教學的學生，甲班有 24 人，乙班有 23 人，
丙班有 37 人，三班共有幾人參加？

【IV-三-1.4】投籃遊戲時，奇奇投了 32 球，阿丁投了 41 球，小明
投了 35 球，三人共投了幾球？

---

[7]　本單元教學目標為引進數的概念，不涉及量的計算，不予討論。

【Ⅳ-三-1.5】遊樂區的「入口一」排了 15 人,「入口二」排了 25 人,「入口三」排了 87 人,共有幾個人在排隊?

【Ⅳ-三-2.1】媽媽煮了 45 個水餃,君君吃了 20 個,亭亭吃了 15 個,還剩下幾個水餃?

【Ⅳ-三-2.2】麵包師傅買進 94 顆雞蛋,做蛋糕用了 26 顆,做麵包用了 14 顆,還剩下幾顆雞蛋?

【Ⅳ-三-2.3】老師有 185 枝鉛筆,分給男生 75 枝,女生 60 枝,還剩下幾枝鉛筆?

【Ⅳ-三-3.1】河裡有 68 隻水鳥,飛來了 15 隻,又飛走 28 隻,河裡還有幾隻水鳥?

【Ⅳ-五-5.1】小志做 1 朵花要用 9 個花片,做 3 朵花共要幾個花片?

【Ⅳ-五-5.2】1 盒甜甜圈有 9 個,4 盒共有幾個甜甜圈?

【Ⅳ-五-2.1】蜈蚣競走遊戲,1 隊有 7 人,3 隊共有幾人?

【Ⅳ-五-4.1】把做法用乘法算式記下來。

　　　　　(1)1 個盤子放 1 個蛋糕,9 個盤子共放了幾個蛋糕?

　　　　　(2)1 個蘋果賣 7 元,媽媽買了 8 個,共要付幾元?

【Ⅳ-六-2.1】1 盒鉛筆共有 12 枝,3 盒共有幾枝鉛筆?

【Ⅳ-六-2.2】1 包糖果有 18 顆,老師買了 6 包,共有幾顆糖果?

【Ⅳ-六-3.1】1 盒巧克力有 8 顆,小玲買了 3 盒又 2 顆,小玲共買了幾顆?

【Ⅳ-六-3.2】1 枝鉛筆 9 元,弟弟買了 2 枝,妹妹買了 3 枝,共要付幾元?

【Ⅳ-六-3.3】小嘉買 1 枝筆,付 10 元硬幣 4 個,找回 2 元,這枝筆是幾元?

【Ⅳ-六-3.4】1 個橡皮擦 8 元,小華買 9 個,小美買 6 個,小華比小美多付幾元?

【Ⅳ-八-1.1】8 個小朋友分組玩兩人三腳，每 2 人一組，可以分成幾組？

【Ⅳ-八-1.2】15 個布丁，每 3 個裝成 1 盒，可以裝成幾盒？

【Ⅳ-八-1.3】24 朵玫瑰花，每 6 朵綁成 1 束，可以綁成幾束？

【Ⅳ-八-1.4】30 顆蘋果，每 5 顆裝 1 盒，可以裝成幾盒？

【Ⅳ-八-2.1】12 顆草莓，分給 3 人。要怎麼分才公平？

【Ⅳ-八-2.2】8 個花片，平分給 2 人，每人可以分到幾個花片？

【Ⅳ-八-2.3】套圈圈遊戲，把 6 個圈圈平分給小敏和小彥，每人可以分到幾個圈圈？

【Ⅳ-八-2.4】12 個球平分成 3 盒，每盒有幾個球？

【Ⅳ-八-2.5】15 個救生圈，平分放到 5 艘遊艇上，每艘遊艇可以放到幾個救生圈？

【Ⅳ-八-2.6】18 顆蘋果，平分給 6 人，每人可以分到幾顆蘋果？

【Ⅳ-九-1.5】1 個蛋糕平分成 3 塊，1 塊是幾個蛋糕？

【Ⅳ-九-1.6】1 個蛋糕平分成 5 塊，1 塊是幾個蛋糕？

【Ⅳ-九-1.7】1 個蛋糕平分成 7 塊，1 塊是幾個蛋糕？

【Ⅳ-九-1.8】1 個披薩平分成 9 片，1 片是幾個披薩？

【Ⅳ-九-1.9】1 個蛋糕平分成 11 塊，1 塊是幾個蛋糕？

【Ⅳ-九-1.10】1 串糖葫蘆有 5 顆番茄，1 顆是幾串糖葫蘆？

【Ⅳ-九-1.11】1 條口香糖有 7 片，1 片是幾條口香糖？

【Ⅳ-九-1.13】1 盒蘋果有 12 顆，平分給 12 人，每人可以分到幾盒蘋果？

【Ⅳ-九-2.1】1 個蛋糕平分成 4 塊。1 個 $\frac{1}{4}$ 條蛋糕是幾塊蛋糕？

【Ⅳ-九-2.2】1 盒蘋果有 6 顆，$\frac{1}{6}$ 盒蘋果是幾顆蘋果？

第五冊（三上）

【V-二-1.1】 王叔叔的休閒農場裡種了 163 棵玫瑰和 225 棵向日葵，共種了幾棵花？

【V-二-1.2】 農場裡種了 163 棵玫瑰，王叔叔又種了 375 棵，共有幾棵玫瑰？

【V-二-1.3】 凡凡和朋友到農場玩，想買 1 罐茶葉送給媽媽，但身上只有 295 元，不夠 105 元，1 罐茶葉賣幾元？

【V-二-1.4】 上個月來休閒農場參觀的人數有 964 人，這個月參觀的人數比上個月多 138 人，這個月有幾個人來農場參觀？

【V-二-2.1】 王叔叔上星期賣了 3800 顆草莓，這星期賣了 4150 顆，兩星期共賣了幾顆草莓？

【V-二-2.2】 農場三月分的電費是 6432 元，四月分比三月分多 826 元，四月分的電費是幾元？

【V-二-2.3】 1 箱柿子賣 2495 元，1 箱梨子賣 3885 元，爸爸各買 1 箱，共要付幾元？

---

[8] 本單元教學目標為引進數的概念，不涉及量的計算，不予討論。

【V-二-2.4】 農場今年種了 1499 棵番茄，比去年少種了 501 棵，去年種了幾棵番茄？

【V-二-3.1】 小珍全家周日去農場玩，午餐花了 688 元，飲料花了 132 元，買紀念品花了 558 元，小珍全家共花了幾元？

【V-二-3.2】 小珍全家 3 人去採草莓，分別採了 265 顆、300 顆和 178 顆，小珍全家共採了幾顆草莓？

【V-二-3.3】 農場在三天連續假期賣紀念品的收入分別是 3728 元、3014 元和 3253 元，這三天賣紀念品的收入共是幾元？

【V-二-3.4】 農場在三天連續假期裡賣出 1895 瓶汽水、1407 瓶果汁和 2356 瓶礦泉水，這三天共賣出幾瓶飲料？

【V-二-4.1】 欣欣帶了 300 多元，玲玲帶了 450 元，她們想合買 1 個 900 元的玩偶當禮物，她們的錢夠不夠？

【V-四-1.1】 快樂農場養了 374 隻羊，賣掉了 122 隻，還剩下幾隻羊？

【V-四-1.2】 農場裡養了 255 隻雞，再養幾隻就有 418 隻雞？

【V-四-1.3】 大龍和小玲去採草莓，大龍採了 311 顆，小玲採了 183 顆，大龍採的草莓比小玲採的多幾顆？

【V-四-1.4】 上個月參觀快樂農場影 502 人，這個月參觀的人數比上個月少 67 人，這個月有幾人來參觀農場？

【V-四-2.1】 快樂農場上週賣了 2980 個雞蛋，這週賣了 1750 個，這週比上周少賣幾個雞蛋？

【V-四-2.2】 欣欣有 1633 元，買 1 瓶蜂蜜後，還剩下 171 元，1 瓶蜂蜜賣幾元？

【V-四-2.3】 快樂農場今年的參觀人數有 3527 人，去年的參觀人數有 3619 人，哪一年的參觀人數比較多？多幾人？

【V-四-2.4】 爸爸身上帶了 5000 元，在農場買了一些農產品後，
還剩下 4200 元，爸爸花了幾元買農產品？

【V-四-3.1】 大龍身上有 900 元，午餐花了 238 元，買飲料花了
132 元，還剩下幾元？

【V-四-3.2】 快樂農場準備了 4500 個徽章，週休 2 日分別賣出
1006 個和 983 個徽章，還剩下幾個徽章？

【V-五-6.1】 哥哥將 1 個高 25 毫米和 1 個高 48 毫米的紙盒疊放在
桌上，疊起來的高度是多少？

【V-五-6.2】 1 枝鉛筆長 9 公分 6 毫米，用掉 34 毫米，剩下多長？

【V-五-7.1】 媽媽在客廳擺了兩個書櫃，一個長 1 公尺 10 公分，
另一個長 1 公尺 25 公分，兩個書櫃合起來有多長？

【V-五-7.2】 2 公尺 50 公分長的膠帶，用掉 1 公尺 28 公分，剩下
多長？

【V-六-1.1】 老師有 12 張遊戲卡，1 個人分 3 張，可以分給幾個人？

【V-六-1.2】 16 個蛋塔，平分給 4 人，1 人可以分到幾個？

【V-六-1.3】 15 公分長的繩子，每 5 公分剪成 1 段，可以剪成
幾段？

【V-六-2.1】 8 顆糖果，平分成 4 盤，每盤裝幾顆？

【V-六-2.2】 4 顆糖果，每盤分 1 顆，可以分成幾盤？

【V-六-3.1】 9 個人玩遊戲，2 人一組，可以分成幾組，還剩下幾人？

【V-六-4.1】 6 顆蘋果，平分給 3 人，每人可分到幾顆？還剩下幾顆？

【V-六-4.2】 7 個籃球，每 2 個裝 1 箱，可以裝幾箱？還剩下幾個？

【V-六-4.3】 老師有 14 元，平分給 6 人，每人分到幾元？還剩下
幾元？

【V-六-5.1】 19 瓶鮮乳，平分給 3 個人，說說看他們的分法，誰
比較合理？為什麼？

【V-六-6.1】 10 個人搭計程車，每輛計程車只能載 4 個人，需要幾輛計程車才夠？

【V-六-6.2】 水果行有 41 個梨子，每 8 個裝成 1 盒，可以裝成幾盒？還剩下幾個？

【V-六-7.1】 有 12 枝筷子，2 枝分成 1 雙，可以分成幾雙？剩下幾枝？

【V-六-7.2】 有 13 枝筷子，2 枝分成 1 雙，可以分成幾雙？剩下幾枝？

【V-七-1.1】 1 個披薩平分成 4 片，1 片是幾個披薩？

【V-七-1.2】 2 個一樣大的披薩各平分成 4 片，5 片是幾個披薩？

【V-七-1.4】 把 4 條一樣長的綠色彩帶接起來有 1 公尺長，1 條綠色彩帶有多長？

【V-七-2.1】 慶生會上妙妙吃了 $\frac{2}{4}$ 個披薩，高斯吃了 $\frac{1}{2}$ 個披薩，誰吃的比較多？

【V-七-2.2】 媽媽想把 40 元的二分之一給多力當零用錢，多力可拿到幾元？

【V-七-2.3】 1 盒蘋果有 6 個，平分給 6 人，每人可分得幾個蘋果？是幾盒？

【V-七-3.1】 媽媽買了 1 盒果凍，有香蕉和葡萄兩種口味，葡萄果凍有幾個？是這盒果凍的幾分之幾？

【V-七-3.2】 1 袋蓮霧有 4 個，小傑自己留一半，剩下的平分給高斯和妙妙，小傑和妙妙各分得幾袋蓮霧？各有幾個？

【V-七-3.3】 1 盒彈珠有 30 顆，愛麗把 $\frac{2}{3}$ 盒彈珠分給弟弟，弟弟可以分到幾顆彈珠？

【V-八-3.1】 高斯上學出門時是 7 時 30 分，走到學校時已經是 7 時 48 分，高斯從家裡到學校走了多久的時間？

【V-八-3.2】 哈寶班上中午 12 時開始用餐，現在是幾時幾分？還差幾分可以開始用餐？

【V-八-3.3】 奇奇下午 4 時 20 分放學，再過兩小時電視臺會播放超人影集，什麼時候開始播放超人影集？

【V-八-3.4】 奇奇想辦餐會，用餐時間是 2 小時，他打算下午 1 時結束，餐會開始的時刻應該訂在什麼時候？

【V-九-1.1】 1 枝鉛筆 3 元，小文買 2 枝要幾元？

【V-九-1.2】 1 輛計程車可載 4 人，6 輛計程車可載幾人？

【V-九-2.1】 1 枝彩色筆 30 元，買 2 枝要幾元？

【V-九-3.1】 1 個漢堡賣 32 元，買 3 個要幾元？

【V-九-3.2】 1 打鉛筆有 12 枝，9 打鉛筆有幾枝？

【V-九-4.1】 1 個機器人 200 元，4 個機器人共要幾元？

【V-九-5.1】 1 份火鍋 143 元，2 份共要幾元？

【V-九-6.1】 大雄 1 個月可以存 215 元，3 個月可以存幾元？

【V-九-6.2】 1 張水上樂園門票 182 元，買 4 張共要幾元？

【V-九-6.3】 1 箱鉛筆有 542 枝，南天國小買了 8 箱，共有幾枝鉛筆？

【V-九-6.4】 1 本甲蟲小百科賣 407 元，老師訂了 6 本，共要幾元？

第六冊（三下）

單元一　乘法　　　　　單元二　公斤和公克　　　　單元三　除法

單元五　乘法和除法　　單元六　分數的加減　　　　單元八　小數

單元九　公升和毫公升

【VI-一-1.1】佳佳旅行社舉辦春節旅遊，每人收費 2000 元，宏宏家有 4 人參加，共要付幾元？

【VI-一-1.2】速食店每天賣出 1312 個漢堡，3 天共賣出幾個漢堡？

【VI-一-1.3】爸爸每天工作收入 1436 元，一星期工作 5 天，可收入幾元？

【VI-一-1.4】貨車 1 次載運 1004 箱鮮奶，6 次可以載運幾箱鮮奶？

【VI-一-3.1】歡樂電影院有 20 排座位，每 1 排可坐 12 人，全部坐滿，共可坐幾人？

【VI-一-4.1】學校舉辦「土窯樂」的校外教學，每個土窯有 23 顆雞蛋，13 個土窯共有幾顆雞蛋？

【VI-一-4.2】媽媽給的零用錢，妙妙每個月可以存 76 元，一年可以存幾元？

【VI-一-4.3】哥哥走 1 步的長是 58 公分，從圖書室前門走到後門，共走了 27 步，是走了幾公分？

【VI-一-5.1】前進國小運動會，學生表演大會操，直的排了 26 行，橫的排了 15 列，參加表演的學生共有幾人？

【VI-一-5.2】雪山隧道內每隔 50 公尺有 1 個消防箱，從第 1 個到第 11 個消防箱共長幾公尺？

【VI-二-4.1】媽媽買了 1 包米重 3 公斤，也可以說是幾公克？

【VI-二-5.1】媽媽到賣場買了 750 公克的香蕉和 1250 公克的葡萄，共重多少公斤？

【VI-二-5.2】1 包米重 3000 公克，1 個星期吃掉 1650 公克，還剩下多少公斤多少公克？

【VI-二-5.3】阿姨在超市買了 3 公斤 500 公克的雞肉和 1 公斤 600 公克的豬肉。

（1）雞肉比豬肉重多少公斤多少公克？

（2）雞肉和豬肉合起來共重多少公斤多少公克？

【VI-二-5.4】1 袋巧克力球重 480 公克，妹妹買了 8 袋，共重多少公斤多少公克？

【VI-二-5.5】1 捆鐵絲重 1 公斤 200 公克，王老闆買了 6 捆，共重多少公斤多少公克？

【VI-二-5.6】米店將 72 公斤的米，平分成 9 包。

（1）1 包米重多少公斤？

（2）李老闆買了 4 包米，共重多少公斤？

【VI-二-5.8】爸爸買了一盒櫻桃，連盒子共重 1 公斤 750 公克，櫻桃淨重 1500 公克，盒子重多少公克？

【VI-三-1.1】佳美買 4 個麵包，花了 80 元，1 個麵包要幾元？

【VI-三-1.2】爸爸拿了 36 元，平分給兄弟 3 人，每人可以得到幾元？

【VI-三-1.3】52 顆彈珠，平分給 4 個小朋友，每個小朋友可以得到幾顆？

【VI-三-1.4】6 個波蘿麵包 90 元，買 1 個要付幾元？

【VI-三-1.5】學生有 67 人，每 5 人坐 1 張長椅子，可以坐滿幾張長椅子？還剩下幾人？

【VI-三-1.6】繩子長 85 公分，每 8 公分剪成 1 段，可以剪成幾段？還剩下幾公分？

【VI-三-2.1】3 顆籃球 900 元，1 顆籃球要幾元？

【VI-三-2.2】飲料店有 488 支吸管，平分成 4 盒，每 1 盒可裝幾支吸管？

【VI-三-2.3】全家電器行省電燈泡 3 顆賣 819 元，爸爸只買 1 顆要付幾元？

【VI-三-2.4】小吉有 798 顆彈珠，每 5 顆彈珠裝成 1 袋，可以裝成幾袋？還剩下幾顆？

【VI-三-2.5】故事書 528 本，平分送給 5 間偏遠地區圖書館，每間圖書館可以分到幾本？還剩下幾本？

【VI-三-2.6】歷史百科 1 本有 804 頁，祥祥 2 個星期看完，平均 1 個星期要看幾頁？

【VI-三-2.7】小吉和同學一起去參觀博物館，買了 9 張門票，共花了 279 元，1 張門票要幾元？

【VI-三-2.8】食品公司製作了 305 個小月餅，平分給 6 家育幼院，每家育幼院可得到幾個？還剩下幾個？

【VI-三-3.1】哥哥買了 1 臺液晶螢幕 8645 元，平分成 7 期繳款，每 1 期要繳幾元？

【VI-三-3.3】拉拉山農場今天採收 3459 顆水蜜桃，每 8 顆裝成 1 盒，可以裝成幾盒？還剩下幾顆？

【VI-三-4.1】安安和同學去動物園，3 個人坐公車和吃午餐共花了 516 元，3 個人平分後，安安又買了 1 個紀念品 50 元，安安共花了幾元？

【VI-三-4.2】微笑國小三年級男生 96 人，女生 56 人，戶外教學時 8 人編成 1 組，共可以編成幾組？

【VI-三-5.1】香香花店有 84 朵玫瑰花，7 朵包裝成 1 束，賣了 6 束後，還剩下幾束？

【VI-三-5.2】媽媽帶 1000 元上街，買故事書花了 825 元，剩下的錢剛好可以買 5 本剪貼簿，1 本剪貼簿是幾元？

【VI-五-2.1】1 支冰棒 8 元，小為買了一些，付了 48 元，他買了幾支冰棒？

【VI-五-2.2】小明每天存 5 元，幾天後可以存到 35 元？

【VI-五-2.3】1 盒果凍有 3 個，買幾盒就有 27 個果凍？

【VI-五-2.4】每籃橘子的重量是幾公斤時，6 籃橘子的重量剛好是 30 公斤？

【VI-五-2.5】每瓶飲用水是幾公升時，8 瓶飲用水合起來剛好是 24 公升？

【VI-五-3.1】小平有一些彈珠，平分給 4 人，每人得到 7 顆。小平原有幾顆彈珠？

【VI-五-3.2】媽媽煮了一些水餃，8 個裝成 1 盤，共裝了 5 盤，媽媽煮了幾個水餃？

【VI-五-3.3】李伯伯買了一些柳丁，分裝成 9 袋，每袋有 4 個，李伯伯共買了幾個柳丁？

【VI-五-3.4】30 個果凍平分給一些人，每人可以分到 6 個，共分給幾人？

【VI-五-3.5】72 個蘋果，要裝成每盒一樣多，每盒裝幾個時，才能剛好分裝成 8 盒？

【VI-六-1.2】兩張一樣大的色紙平分剪成 8 條，小傑用去 $\frac{6}{8}$ 張色紙，小玲用去 $\frac{4}{8}$ 張色紙，2 人共用去幾張色紙？

【VI-六-3.2】1 盒水梨有 7 粒，小傑原有 $\frac{6}{7}$ 盒水梨，吃了 $\frac{4}{7}$ 盒後，還剩幾盒水梨？

【VI-六-3.3】1 打鉛筆有 12 枝，把 $\frac{18}{12}$ 打鉛筆分成兩堆，一堆有 $\frac{6}{12}$ 打鉛筆，另一堆有幾打鉛筆？

【VI-六-3.4】小傑原有 $\frac{18}{12}$ 盒蘋果，分一些給小玲後，剩下 $\frac{3}{12}$ 盒，小傑給小玲多少盒蘋果？

【VI-六-3.5】1 盒彈珠有 10 個，小傑原有 $\frac{7}{10}$ 盒綠色彈珠，哥哥給小傑一些紅色彈珠後，小傑共有 $\frac{12}{10}$ 盒彈珠，哥哥給小節幾盒紅色彈珠？

【VI-六-4.1】把 1 個披薩平分成 8 片，小傑有 $\frac{6}{8}$ 個披薩，吃了 $\frac{2}{8}$ 個，後來小玲又給他 $\frac{4}{8}$ 個披薩，現在小傑有幾個披薩？

【VI-六-4.2】小傑把 $\frac{3}{12}$ 杯牛奶和 $\frac{9}{12}$ 杯紅茶混成奶茶後，喝掉 $\frac{5}{12}$ 杯奶茶，奶茶還剩多少杯？

【VI-八-1.2】10 個 0.1 公分是幾公分？

【VI-八-1.3】1 個 10 元硬幣的直徑是 2.6 公分，2.6 公分是幾個 0.1 公分？是幾毫米？

【VI-八-1.6】1 盒雞蛋有 10 個，炒蛋用了 0.8 盒，是用了幾個雞蛋？

【VI-八-1.7】把 1 個量杯平分成 10 格，5 格是幾杯？

【VI-八-3.2】1 盒雞蛋有 10 個，媽媽做蛋糕用了 1.8 盒，做 1 碗蒸蛋用了 0.5 盒，媽媽共用去多少盒雞蛋？

【VI-八-3.3】媽媽把 0.3 杯的檸檬汁和 13 杯的紅茶加入大鐵桶內，可以製作出多少杯的檸檬紅茶？

【VI-八-4.1】1 條長 0.7 公尺的緞帶，小傑綁禮物用去 0.5 公尺，剩下的緞帶有多長？

【VI-八-4.2】小傑有 2.2 瓶牛奶，小玲的牛奶比小傑少 0.9 瓶，小玲有多少瓶牛奶？

【VI-八-4.3】1 盒糖果有 10 顆，小傑吃了 1 盒糖果，小玲吃了 0.6 盒，小傑比小玲多吃幾盒糖果？

【VI-八-4.4】張老闆買了 11 箱水梨，其中有 1.1 箱水梨碰壞了，張老闆剩下幾箱完好的水梨？

【VI-九-4.1】1 公升的水可以裝成幾個 100 毫公升？共是多少毫公升？

【VI-九-4.2】1 瓶 2000 毫公升的汽水是多少公升？

【VI-九-4.3】清容泡了 4 公升 600 毫公升的檸檬紅茶，是多少毫公升？

【VI-九-4.4】清莉買了 1 瓶 1700 毫公升的綜合果汁，是多少公升多少毫公升？

【VI-九-4.5】清美調配了 2 公升 50 毫公升的雞尾酒，是多少毫公升？

【VI-九-5.1】1 個水壺裝 3 公升的水，1 個玻璃罐裝 600 毫公升，兩個容器的水共有幾毫公升？

【VI-九-5.2】1 瓶冬瓜茶 2 公升，光輝喝掉 300 毫公升，剩下幾毫公升？

【VI-九-5.3】255 毫公升的紅墨水，平分裝成 3 罐，每罐可裝成幾毫公升？

【VI-九-5.4】1 瓶養樂多的容量是 100 毫公升，小櫻的水壺可裝 7 瓶半，她的水壺容量是多少？

第七冊（四上）

【VII-三-1.1】跳繩每條長 138 公分，3 條共長幾公分？

【VII-三-1.2】故事書每套 304 元，買 4 套要付幾元？

【VII-三-2.1】1 臺收錄音機 1243 元，買 2 臺要付幾元？

【VII-三-2.2】1 組迷你音響 8475 元，電器行賣出 4 組，共收入幾元？

【VII-三-2.3】成衣廠每天裁製衣服 2008 套，7 天共裁製幾套衣服？

【VII-三-2.4】1 箱糖果有 1400 顆，6 箱糖果共有幾顆？

【VII-三-3.1】1 個饅頭 10 元，買 10 個要幾元？

【VII-三-3.2】1 打鉛筆 12 枝，10 打共是幾枝？

【VII-三-3.3】奇奇家計畫每個月節省水費 23 元，1 年可節省水費幾元？

【VII-三-3.4】珍美家每個月節省水費 65 元，2 年共節省水費幾元？

【VII-三-3.5】王小姐有 12 件不同的上衣和 11 件不同的裙子，共有幾種搭配穿法？

---

[9]　本單元教學目標為引進數的概念，不涉及量的計算，不予討論。

[10]　時間的概念涉及較多主題，且屬於線性概念，本論文不予討論。

【VII-三-3.6】四年級學生表演大會操，排成 13 排，每排有 16 人，參加表演的學生有幾人？

【VII-三-4.1】1 件汗衫 100 元，買 10 件要幾元？

【VII-三-4.2】1 箱番茄有 125 顆，10 箱共有幾顆？

【VII-三-4.3】日昇工廠每個月節省用電量 237 度，3 年共節省用電量幾度？

【VII-三-4.4】手機工廠每小時可組裝 366 支手機，24 小時可組裝幾支手機？

【VII-五-1.3】容量 10 毫公升的杯子裝滿水，倒進容量 1 分公升的容器裡，要倒幾杯能裝滿？是幾毫公升？

【VII-五-1.4】1 瓶礦泉水的容量是 600 毫公升，是幾個 1 分公升？是幾分公升？

【VII-五-2.3】1 公升和 10 分公升一樣多，1 分公升和 100 毫公升一樣多，1 公升和幾毫公升一樣多？

【VII-五-3.2】瓶子的容量是 320 毫公升，紙杯的容量是 180 毫公升。

　　　　　　（1）這 2 個容器的容量共有幾毫公升？是幾分公升？

　　　　　　（2）瓶子的容量比紙杯的容量多多少？

【VII-五-3.5】媽媽到超級市場買 3 瓶礦泉水，每瓶的容量是 3 公升，媽媽買了幾公升礦泉水？

【VII-七-1.1】642 元平分給 3 人，每人可得到幾元？

【VII-七-1.2】冰箱裡有 623 毫公升的果汁，要平分裝成 5 瓶，每瓶可裝幾毫公升的果汁？還剩下幾毫公升？

【VII-七-2.1】兒童遊戲數學 1600 冊平均捐給 8 所小學，每所國小可分得幾冊？

【VII-七-2.2】西服製造廠買 4007 公尺的西裝布，每 5 公尺做 1 套西裝，可做幾套西裝？還剩下幾公尺？

【VII-七-2.3】香皂 9654 塊，每 8 塊裝成 1 盒，可裝成幾盒？還剩下幾塊？

【VII-七-2.4】學校買了 9 個排球，總價 3447 元，每個排球是幾元？

【VII-七-3.1】手帕 1 條 20 元，80 元可買幾條？

【VII-七-3.2】奇奇家裡 30 天的用水量 90 度，平均每天的用水量是幾度？

【VII-七-3.3】原子筆 1 枝 20 元，92 元最多可買幾枝？還剩下幾元？

【VII-七-3.4】72 片口香糖，每 12 片裝成 1 包，最多可裝成幾包，還剩下幾片？

【VII-七-4.1】水龍頭 1 個 30 元，120 元最多可買幾個？

【VII-七-4.2】1 卷電線長 315 公尺，每 40 公尺剪成 1 段，最多可剪成幾段？還剩下幾公尺？

【VII-七-4.3】甜蜜糖果屋做了 464 個巧克力，每 58 個裝 1 袋，最多可裝滿幾袋？

【VII-七-4.4】有趣玩具工廠生產 295 輛玩具車，每 32 輛裝 1 箱，最多可裝滿幾箱？剩下幾輛？

【VII-七-4.5】1 桶瓦斯 570 元，英英家今年四月分用完 1 桶瓦斯，平均 1 天的瓦斯費是幾元？

【VII-七-4.6】942 公分的電線，每 40 公分可做 1 個燈籠，最多可做幾個燈籠？剩下的電線長幾公分？

【VII-七-4.7】去年文文家的用電量是 852 度，1 年有 12 個月，平均每個月用電幾度？

【VII-七-4.8】 罐頭工廠本日生產 827 瓶辣椒醬，每 28 瓶裝 1 箱，最多可裝滿幾箱？剩下幾瓶？

【VII-十-1.1】 1 盒蘋果有 4 個。

（1）平分成 4 袋，1 袋是幾盒？

（2）平分成 2 袋，1 袋是幾盒？

（3）$\frac{1}{4}$ 盒有幾個蘋果？$\frac{1}{2}$ 盒有幾個蘋果？

【VII-十-1.2】 1 盒桃子有 12 個。

（1）每袋裝 2 個，可以裝成幾袋？1 袋是幾盒？

（2）每袋裝 3 個，可以裝成幾袋？

（3）2 個 $\frac{1}{4}$ 盒合起來是幾盒？

【VII-十-2.1】 1 籃橘子有 24 個。

（1）每袋裝 2 個，可以裝成幾袋？1 袋是幾籃？

（2）每袋裝 3 個，可以裝成幾袋？1 袋是幾籃？

【VII-十-3.1】 把 1 個蛋糕平分成 8 塊。

（1）1 塊是幾個蛋糕？

（2）2 塊蛋糕合起來是幾個蛋糕？再加 5 塊呢？再加 1 塊呢？

（3）再把 1 個一樣大的蛋糕也平分成 8 塊。9 塊蛋糕合起來是幾個蛋糕？

（4）12 塊蛋糕合起來是幾個蛋糕？

【VII-十-3.2】 每箱橘子有 30 個。

（1）每人分得 $\frac{1}{15}$ 箱，2 人合起來分得幾箱橘子？

（2）14 人合起來分得幾箱橘子？是幾個 $\frac{1}{15}$ 箱？

（3）18 人呢？21 人呢？

【VII-十-3.3】 1 盒梨子有 20 個，小明有 2 盒，小英有 $\frac{1}{20}$ 盒，兩人合起來有幾盒梨子？

【VII-十-3.4】 18 片百格版和 $\frac{31}{100}$ 片百格版，合起來是幾片百格版？

【VII-十-4.1】 1 個大餅平分給 3 人，每人可分得幾個大餅？

【VII-十-4.2】 2 個大餅平分給 3 人，每人可分得幾個大餅？

【VII-十-4.3】 3 個大餅平分給 3 人，每人可分得幾個大餅？

【VII-十-4.4】 4 個大餅平分給 3 人，每人可分得幾個大餅？

【VII-十-4.5】 5 個大餅平分給 3 人，每人可分得幾個大餅？

【VII-十一-1.3】 1 箱雞蛋重 2300 公克，是幾公斤幾公克？

【VII-十一-2.1】 媽媽上市場買了 2 公斤 500 公克的雞肉和 1 公斤 600 公克的青菜，雞肉和青菜共重幾公斤幾公克？

【VII-十一-2.2】 1 盒香腸重 2 公斤 500 公克，爸爸買 5 盒送給客戶，共買了幾公斤幾公克的香腸？

【VII-十一-2.3】 1 箱餅乾重 3 公斤 300 公克，3 個人合買 1 箱，每 1 個人分得的餅乾重量是幾公斤幾公克？

【VII-十一-3.1】 用 1 個玻璃瓶裝滿沙拉油共重 1 公斤 150 公克，已知玻璃瓶重 250 公克，沙拉油重幾公克？

【VII-十一-3.2】 1 箱柳丁重 80 公斤，已知 1 個箱子重 400 公克，3 箱柳丁淨重幾公斤幾公克？

第八冊（四下）

【VIII-三-1.1】1 套童話故事書定價是 245 元，老師買 15 套，共付多少元？

【VIII-三-1.2】超市今天賣出 48 瓶鮮奶，每瓶特價 108 元，共收入多少元？

【VIII-三-3.3】四年級有 135 位學生參加「搭乘美麗華摩天輪」校外教學，搭乘的優待票每張 120 元，共需付多少元？

【VIII-三-4.2】1 包五穀米重 1348 公克，325 包共重多少公克？

【VIII-三-5.1】把 545 冊兒童遊戲數學，平均分給 26 班，每班最多可分得多少冊？剩下多少冊？

【VIII-三-6.1】慈善團體把 3060 冊兒童讀物平分給 36 個偏遠地區的學生閱讀，每個地區最多可分得多少冊？

【VIII-三-6.2】白米 4215 公斤，每 60 公斤裝成 1 袋，可裝滿多少袋？還剩下多少公斤？

【VIII-三-6.3】冰店昨天生產 2499 枝紅豆冰，12 枝裝成 1 盒，可裝成多少盒？還剩下多少枝？

【VIII-三-7.1】1 個皮包 200 元，600 元可以買多少個？

---

[11] 本單元教學目標為引進數的概念，不涉及量的計算，不予討論。

[12] 時間單元涉及較多主題，雖然貼近生活情境，但計算的概念和數量不同，故不予討論。

【VIII-三-7.2】 將 857 張圖畫紙平分給 121 位小朋友，每位小朋友可以分到幾張圖畫紙？還剩下幾張？

【VIII-三-8.1】 觀光農場上周採收高麗菜 5200 公斤，1 部小貨車可載 400 公斤，全部載完需要幾部小貨車？

【VIII-三-8.2】 1 本成語故事書 135 元，1215 元可以買幾本成語故事書？

【VIII-七-1.1】 姐姐有 $\frac{8}{12}$ 盒冰棒，妹妹有 $\frac{7}{12}$ 盒冰棒，她們共有多少盒冰棒？

【VIII-七-1.2】 有 2 條繩子，1 條長 $\frac{7}{6}$ 公尺，另 1 條長 $\frac{9}{6}$ 公尺，合起來共長多少公尺？

【VIII-七-1.3】 將 1 個重 $1\frac{8}{9}$ 公斤的瓷器，放在 1 個重 $1\frac{3}{9}$ 公斤的鐵盒子裡，合起來共重多少公斤？

【VIII-七-1.4】 $1\frac{7}{12}$ 包花片和 $2\frac{9}{12}$ 包花片合起來是幾包花片？

【VIII-七-2.1】 阿文拿了 $\frac{13}{10}$ 盒餅乾，小芬拿了 $\frac{5}{10}$ 盒餅乾，小芬比阿文少拿了幾盒？

【VIII-七-2.2】 阿旺吃了 $\frac{9}{5}$ 包水餃，阿華吃了 $\frac{7}{5}$ 包水餃，阿旺比阿華多吃了幾包？

【VIII-七-2.3】 $2\frac{8}{10}$ 箱葡萄比 $1\frac{6}{10}$ 箱葡萄多幾箱？

【VIII-七-3.1】 水果行有 $4\frac{6}{15}$ 箱櫻桃，賣出一些後，剩下 $1\frac{2}{15}$ 箱，請問賣出幾箱櫻桃？

【VIII-七-3.2】 有一卷彩帶，做美勞用去 $2\frac{7}{16}$ 公尺，還剩下 $4\frac{9}{16}$ 公尺，請問這卷彩帶原有多長？

【VIII-七-3.3】水缸裡有一些水，再倒入 $3\frac{5}{8}$ 公升後，水缸裡共有 8 公升的水，請問這個水缸原有多少公升的水？

【VIII-七-3.4】有 3 條彩帶，其中的兩條紅彩帶各長 $3\frac{1}{5}$ 公尺，另一條黃彩帶長 $6\frac{4}{5}$ 公尺。

（1）這些彩帶共長幾公尺？

（2）兩條紅彩帶合起來比黃彩帶短幾公尺？

（3）拿一條紅彩帶和一條黃彩帶要接成一條彩帶，黏貼處長 $\frac{1}{5}$ 公尺，這條彩帶長幾公尺？

【VIII-九-2.2】丁丁買 0.52 公斤的蘿蔔糕和 0.8 公斤的火腿，蘿蔔糕和火腿共重幾公斤？

【VIII-九-2.3】1 瓶容量 0.9 公升的沙拉油，煎蘿蔔糕用去 0.32 公升，還剩下幾公升的沙拉油？

【VIII-九-2.4】1 瓶花生醬用去 0.52 公斤後，剩下 0.39 公斤，這瓶花生醬原來重幾公斤？

【VIII-九-2.5】1 瓶 0.54 公升的果汁，小琪喝掉一些後，剩下 0.46 公升，小琪喝掉幾公升的果汁？

【VIII-九-3.1】1 片百格版平分 100 格，小華塗了 2 片又 46 格，小英塗了 1 片又 30 格，他們共塗了幾片百格版？

【VIII-九-3.2】3.56 分公升的礦泉水和 1.68 分公升的飲料，合起來有多少分公升？

【VIII-九-3.3】有兩條彩帶，紅彩帶長 3.97 公尺，黃彩帶長 4.76 公尺，兩條彩帶共長幾公尺？相差幾公尺？

【VIII-九-5.4】 指南宮站的海拔高度大約是 0.264 公里，動物園內
站的海拔高度大約是 0.095 公里，兩站的海拔高度
相差幾公里？

【VIII-九-5.6】 預計興建的北投纜車全長大約是 4.7 公里，貓空
纜車全長大約是 4.033 公里，兩條路線長相差幾
公里？

第九冊（五上）

單元二　快慢和時間[13]　　單元三　小數乘以整數　　單元七　因數和倍數[14]
單元十一　容量

【IX-三-1.1】1 瓶礦泉水是 0.6 公升，3 瓶礦泉水共有幾公升？

【IX-三-1.2】1 根木條長 0.8 公尺，把 9 根木條連接起來共長幾
　　　　　　公尺？

【IX-三-1.3】1 個西瓜重 2.5 公斤，3 個西瓜共重幾公斤？

【IX-三-1.4】荔枝每籃重 5.6 公斤，5 籃荔枝共重幾公斤？

【IX-三-1.5】1 條紅色積木的長是 0.02 公尺，4 條紅色積木接起來
　　　　　　長幾公尺？

【IX-三-1.6】1 條綠色積木長 0.06 公尺，9 條綠色積木接起來長幾
　　　　　　公尺？

【IX-三-1.7】1 瓶果汁有 0.25 公升，6 瓶果汁共有幾公升？

【IX-三-1.8】1 個紙杯的容量是 1.35 分公升，5 個紙杯的容量共有
　　　　　　幾分公升？

【IX-三-1.9】1 條紅色積木重 0.002 公斤，3 條紅色積木共重幾公斤？

【IX-三-1.10】1 瓶汽水有 1.325 公升，9 瓶汽水共有幾公升？

【IX-三-2.1】1 條橘色積木長 0.1 公尺，12 條接起來共長幾公尺？

---

[13] 時間單元涉及較為複雜的數學主題，故本研究不討論。
[14] 因數和倍數是單純的數字概念，但因為衍生出的數學題目類型並非生活情
　　境類型，故本研究不討論。

【IX-三-2.2】廢紙回收 1 公斤賣 2.1 元，25 公斤的廢紙回收共賣幾元？

【IX-三-2.3】1 塊木板厚度 0.03 公尺，25 塊疊起來共有多厚？

【IX-三-2.4】1 瓶汽水 1.25 公升，14 瓶汽水共有幾公升？

【IX-三-3.1】麵粉每包重 12.8 公斤，美味麵包店今天買進 8 包，再加上原有的 2.7 公斤，美味麵包店現在有幾公斤的麵粉？

【IX-三-3.2】1 公升特級柴油 24.5 元，1 公升高級柴油 26.7 元，各買 10 公升要付幾元？

【IX-三-3.3】做 1 個裝飾花要用 0.85 公尺的緞帶，用 1 捲 10.5 公尺的緞帶做 8 個裝飾花後，會剩下多少緞帶？

【IX-三-3.4】海灣加油站汽油每公升 26.5 元，山景加油站汽油每公升 25.3 元，分別在這兩間加油站買 40 公升的汽油，總價相差幾元？

【IX-十一-2.1】汽水瓶中有 1 公升的汽水，可以裝滿幾個 1 分公升的量杯？是幾分公升？

【IX-十一-2.2】汽水瓶中有 1 公升 3 分公升的汽水，可以裝滿幾個 1 分公升的量杯？是幾分公升？

【IX-十一-2.3】用 1 分公升的量杯裝滿水倒入花瓶內，總共倒了 18 次，花瓶內應有幾公升幾分公升的水？

【IX-十一-2.4】用 10 毫公升的量杯裝滿水，倒入 1 分公升的容器裡，共倒了 10 次，是幾分公升？

【IX-十一-2.5】2 分公升 50 毫公升的水，是幾毫公升？

【IX-十一-2.6】235 毫公升的牛奶，是幾分公升幾毫公升？

【IX-十一-2.7】將 1 瓶 1 公升的汽水倒入 1 分公升的量杯中，可以倒滿幾杯？是幾毫公升？

【IX-十一-2.8】1 杯水 50 毫公升，小華把 25 杯水倒進空花瓶內，花瓶內的水應該是幾公升幾毫公升？

【IX-十一-3.1】小明將 1 分公升 25 毫公升的冷開水，加入已經裝有 3 分公升 85 毫公升熱開水的茶杯中，茶杯現在有幾分公升幾毫公升的水？

【IX-十一-3.2】酒瓶中有 6 分公升 35 毫公升的料理米酒，媽媽炒菜用掉 1 分公升 75 毫公升，還剩下幾分公升幾毫公升的料理米酒？

【IX-十一-3.3】小強將 1 公升 235 毫公升的冷水，倒入已經裝有 2 公升 883 毫公升開水的飲水機中，飲水機現在有幾公升幾毫公升的水？

【IX-十一-3.4】飲水機有開水 4 公升 138 毫公升，小華和小明因為口渴喝掉 1 公升 520 毫公升，現在飲水機剩下多少水？

【IX-十一-3.5】1 瓶梅子原汁有 1 公升 250 毫公升，媽媽買 6 瓶梅子原汁，共有幾公升幾毫公升？

【IX-十一-3.6】1 個水桶的容量是 8 公升 300 毫公升，奇奇提了 12 桶水倒進水缸裡，剛好倒滿，水缸的容量是幾公升幾毫公升？

【IX-十一-3.7】1 桶蜂蜜的容量是 9 公升 600 毫公升，平分裝成 8 小瓶，每 1 小瓶的蜂蜜有幾公升幾毫公升？

【IX-十一-3.8】1 大瓶橘子醬有 1 公升 200 毫公升，把 3 大瓶橘子醬分裝到容量 600 毫公升的瓶子裡，可裝成幾瓶？

第十冊（五下）

單元二　異分母分數的加減

單元四　分數乘以整數

單元九　整數、小數除以整數

【X-二-1.1】1 盒蛋黃酥有 10 個。媽媽吃了 $\frac{2}{5}$ 盒，阿姨吃了 $\frac{3}{10}$ 盒，兩人共吃了幾盒蛋黃酥？

【X-二-1.2】有 2 個一樣大的月餅，姐姐吃了 $\frac{1}{3}$ 個，妹妹吃了 $\frac{1}{4}$ 個，姐妹兩人共吃了幾個月餅？

【X-二-1.3】1 捆紙藤長 96 公分，姐姐做花瓶用掉 $\frac{9}{8}$ 捆紙藤，做花籃用掉 $\frac{13}{12}$ 捆紙藤，姐姐共用掉幾捆紙藤？

【X-二-1.4】聖誕節布置教室，老師用掉 $1\frac{4}{16}$ 公尺的紅彩帶和 $\frac{9}{8}$ 公尺的黃彩帶，老師共用掉幾公尺的彩帶？

【X-二-2.1】冰箱裡有 $\frac{10}{12}$ 盒冰棒，吃掉 $\frac{3}{6}$ 盒後，冰箱裡還剩下幾盒冰棒？

【X-二-2.2】米店第一天賣掉 $\frac{13}{10}$ 公斤的米，第二天賣掉 $\frac{53}{50}$ 公斤的米，第一天多賣了幾公斤的米？

【X-二-2.3】小芸家到火車站的距離是 $3\frac{1}{5}$ 公里，到郵局是 $1\frac{5}{6}$ 公里，兩段的距離相差幾公里？

【X-二-3.1】 1 盒鳳梨酥有 12 個。阿光吃了 $\frac{1}{6}$ 盒，阿文吃了 $\frac{1}{4}$ 盒，奇奇吃了 $\frac{1}{3}$ 盒，三人共吃了幾盒？

【X-二-3.2】 教室裡有袋彩球，啦啦隊拿走 $\frac{1}{3}$ 袋，舞蹈隊拿走 $\frac{7}{12}$ 袋，教室裡還剩下幾袋彩球？

【X-二-3.3】 紅彩帶長 $2\frac{2}{5}$ 公尺，藍彩帶長 $1\frac{1}{2}$ 公尺，綠彩帶長 $1\frac{7}{8}$ 公尺，紅彩帶和藍彩帶合起來比綠彩帶長幾公尺？

【X-二-3.4】 水果行有 $5\frac{5}{8}$ 箱橘子，賣出 $3\frac{5}{6}$ 箱後，又進貨 $1\frac{2}{3}$ 箱，現在水果行有幾箱橘子？

【X-四-1.1】 每塊大餅一樣大，阿文、阿得和小蘭各拿 $\frac{2}{7}$ 塊大餅，他們 3 人共拿了幾塊大餅？

【X-四-1.2】 每盒原子筆有 12 枝，阿寶、阿揚、阿旺和小美各拿 $\frac{2}{12}$ 盒，他們 4 人共拿了幾盒原子筆？

【X-四-1.3】 1 段尼龍繩長 $\frac{5}{12}$ 公尺，小瑜買了 7 段，她共買了幾公尺的尼龍繩？

【X-四-1.4】 把每 1 粒小玉西瓜切成 4 等分，每人吃 $\frac{3}{4}$ 粒，4 人共吃了幾粒小玉西瓜？

【X-四-2.1】 橡皮擦每塊長 $\frac{15}{4}$ 公分，把 3 塊相同的橡皮擦排成 1 排，共長幾公分？

【X-四-2.2】 等重的木棍 34 根，共重 36 公斤，5 根木棍重幾公斤？

【X-四-2.4】 有一塊長方形的水耕菜園，長 $\frac{15}{6}$ 公尺、寬 2 公尺，面積是幾平方公尺？

【X-四-3.1】 公園周圍的長是 $1\frac{1}{5}$ 公里，哥哥繞公園跑 2 圈，共跑幾公里？

【X-四-3.2】1 盒水蜜桃重 $1\frac{7}{20}$ 公斤，媽媽買了 2 盒，共重幾公斤？

【X-四-3.3】$1\frac{3}{10}$ 公斤的櫻桃裝成 1 盒，7 盒櫻桃共重幾公斤？

【X-四-3.4】袋鼠跳 1 步約長 $8\frac{3}{12}$ 公尺，跳 4 步約共跑幾公尺？

【X-九-1.1】1 公升柳橙汁平分成 10 杯，1 杯是幾公升？

【X-九-1.2】1 公尺鐵絲平分剪成 4 段，1 段是幾公尺？

【X-九-1.3】把 13 公升的礦泉水平分成 5 桶，1 桶是幾公升？

【X-九-1.4】把 1 條長 18 公尺的繩子平均剪成 24 段，1 段長幾公尺？

【X-九-2.1】3 包茶葉重 1.8 公斤，1 包重幾公斤？

【X-九-2.2】美華把 1 瓶 0.3 公升的香精油瓶分裝成 6 小瓶，1 小瓶的香精油是幾公升？

【X-九-2.3】媽媽去超市買 3 串葡萄，共重 3.63 公斤，平均 1 串葡萄重幾公斤？

【X-九-2.4】奇奇把 1 瓶 0.85 公升的番茄汁，倒滿 5 杯，1 杯有幾公升的番茄汁？

【X-九-3.1】芳芳把重 0.9 公斤的麵粉瓶分裝成 15 小袋，1 小袋重幾公斤？

【X-九-3.2】小華家裡養雞，18 天用去飼料 19.08 公斤，平均 1 天要用幾公斤？

【X-九-4.1】有 8.6 公斤的荔枝，每人分得 2 公斤，最多可以分給幾個人？剩下幾公斤的荔枝？

【X-九-4.3】花生油 4.4 公升，平均分裝成 3 瓶，1 瓶可裝成幾公升？剩下幾公升？

第十一冊（六上）

【XI-二-2.1】工人粉刷禮堂的一面牆，1 桶油漆可以粉刷 $\frac{1}{5}$ 面，3 桶可以粉刷多少面牆呢？

【XI-二-2.2】油漆工人粉刷了 $\frac{1}{5}$ 面牆的 $\frac{2}{3}$ 倍，是粉刷了多少面牆？

【XI-二-2.3】老師把 $\frac{3}{5}$ 面布告欄的 $\frac{1}{4}$ 倍布置成佳句欣賞區，佳句欣賞區是用了多少面的布告欄？

【XI-二-2.4】欣寧用 $\frac{5}{7}$ 張包裝紙 1 朵花，思穎用了欣寧的 倍做 1 艘船，思穎用了多少張包裝紙？

【XI-二-2.6】有 1 塊長方形花圃，長是 $\frac{4}{5}$ 公尺，寬是 $\frac{1}{2}$ 公尺，這塊花圃的面積是多少平方公尺？

【XI-二-2.7】弟弟用西卡紙剪出 1 個底是 $\frac{4}{15}$ 公尺，高是 $\frac{12}{10}$ 公尺的平行四邊形，這個平行四邊形的面積是多少平方公尺？

【XI-二-2.8】1 條緞帶長 $\frac{6}{7}$ 公尺，倫倫做 1 朵緞帶花用去 $5\frac{1}{4}$ 條，他共用了多少公尺的緞帶？

---

[15] 因數和倍數是單純的數字概念，但因為衍生出的數學題目類型並非生活情境類型，故本研究不討論。

【XI-二-2.9】 長 $1\frac{2}{3}$ 公尺、寬 $1\frac{2}{7}$ 公尺的長方形，面積是多少平方公尺？

【XI-二-3.1】 1 打鉛筆有 12 枝，$\frac{3}{4}$ 打鉛筆有多少枝？

【XI-二-3.2】 學校舉辦全長 5 公里的賽跑，小明已跑了全長的 $\frac{2}{3}$，是跑了多少公里？

【XI-二-3.3】 1 瓶果汁 2 公升，小華喝了 $\frac{8}{5}$ 瓶，是喝了多少公升的果汁？

【XI-二-3.4】 1 袋米有 6 公斤，大同國小上個禮拜的營養午餐用了 $1\frac{2}{3}$ 袋，是用了多少公斤的米？

【XI-三-1.1】 1 平分公尺等於 10000 平分公分，1 平方公分是多少平方公尺？

【XI-三-1.2】 0.56782 是幾個 1、幾個 0.1、幾個 0.01、幾個 0.001、幾個 0.0001 和幾個 0.00001 合起來的？

【XI-三-3.1】 1 正方體的表面積是 0.4782 平方公尺，1 長方體的表面積是 0.7281 平方公尺，它們的表面積合起來是幾平方公尺？

【XI-三-3.2】 書櫃的體積是 5.17281 立方公尺，置物箱的體積是 4.02335 立方公尺，體積相差幾立方公尺？

【XI-三-4.1】 美容院 1 星期用掉 0.8 公升的洗髮精，12 個星期用掉多少公升的洗髮精？

【XI-三-4.2】 1 顆方型西瓜重 4.15 公斤，12 顆共重多少公斤？

【XI-三-5.2】 騎腳踏車 1 小時可消耗熱量 184 大卡，阿姨騎了 2.8 小時，可消耗熱量多少大卡？

【XI-三-6.1】 100 顆糖果裝成 1 包，心樺吃了 0.1 包，奕萱吃了心樺的 0.1 倍，奕萱吃了多少包糖果？

【XI-三-6.2】1 包橡皮筋有 1000 條，文怡用掉 0.1 包，向蓉用掉文
怡的 0.01 倍，向蓉用掉多少包橡皮筋？

【XI-三-6.3】1 公尺長的木條重 1.5 公斤，0.7 公尺長的木條重多少
公斤？

【XI-三-6.4】長 2.5 公分、寬 1.34 公分的長方形，面積是多少平方
公分？

【XI-五-1.1】有 3 公升的汽水，每 0.5 公升倒成 1 杯，全部倒完，
共可倒成多少杯汽水？

【XI-五-1.2】小真把 54 公斤的紅豆，分裝成每袋 1.8 公斤，全部
裝完，共可裝成多少袋紅豆？

【XI-五-1.3】欣華把 6 公尺的麻線，每 0.25 公尺剪成 1 段，共可
剪成多少段麻線？

【XI-五-1.4】有 1 個寬 1.25 公尺的長方形，面積是 6 平方公尺，
求長方形的長是多少公尺？

【XI-五-2.1】媽媽把 0.8 公升的果汁，每 0.1 公升裝成 1 杯，可以
裝成幾杯？

【XI-五-2.2】把 13.6 公斤的麥片，每 0.8 公斤裝成 1 罐，可以裝成
多少罐？

【XI-五-2.3】1 根長 3.3 公尺的木條重 1.98 公斤，1 公尺長的木條
重多少公斤？

【XI-五-2.4】1 張長方形畫紙，它的面積是 7.8 平方公尺，長是 1.04
公尺，它的寬是多少公尺？

【XI-五-2.5】阿姨有 1 條長 1.57 公尺的緞帶，做 1 朵玫瑰花要用
掉 0.25 公尺，最多可做多少朵玫瑰花？剩下多少公
尺的緞帶？

【XI-五-2.6】麵包店有 3.2 公斤的麵粉，做 1 個蛋糕用掉 0.35 公斤，最多可做幾個蛋糕？剩下幾公斤的麵粉？

【XI-七-1.1】1 盒月餅有 10 個，把 $\frac{4}{5}$ 盒平分給 2 人，每人可得多少盒月餅？

【XI-七-1.2】將 $\frac{2}{5}$ 張紙平分給 3 人，每人可得多少張？

【XI-七-1.3】1 條繩子長 $\frac{7}{4}$ 公尺，平分成 2 段，1 段長多少公尺？

【XI-七-1.4】5 包飼料共重 $10\frac{1}{2}$ 公斤，1 包飼料重多少公斤？

【XI-七-2.1】有 1 條長 $\frac{4}{7}$ 公尺的緞帶，每 $\frac{1}{7}$ 公尺剪成 1 段，共可剪成多少段？

【XI-七-2.2】1 盒巧克力有 18 塊。姐姐有 $\frac{6}{9}$ 盒，每 $\frac{2}{9}$ 盒裝成 1 包，共可裝成多少包？

【XI-七-2.3】有 $\frac{10}{11}$ 公升的醬油，每 $\frac{2}{11}$ 公升裝成 1 瓶，共可裝成多少瓶？

【XI-七-2.4】紅色繩子長 $\frac{7}{12}$ 公尺，綠色繩子長 $\frac{5}{12}$ 公尺，紅色繩子的長是綠色繩子的多少倍？

【XI-七-3.1】陳家有土地 $\frac{3}{4}$ 公頃，林家有土地 $\frac{2}{3}$ 公頃，陳家的土地是林家的多少倍？

【XI-七-3.2】姐姐喝了 $\frac{1}{2}$ 公升的水，妹妹喝了 $\frac{3}{5}$ 公升的水，姐姐喝的水是妹妹的多少倍？

【XI-七-3.3】小孟家上個星期吃掉 $\frac{9}{8}$ 公斤的米，小芬家吃掉 $\frac{6}{7}$ 公斤的米，小孟家吃掉的米是小芬家的多少倍？

【XI-七-3.4】一條紅彩帶長 $\frac{3}{4}$ 公尺，一條藍彩帶長 $\frac{8}{5}$ 公尺，紅彩帶的長度是藍彩帶的多少倍？

【XI-七-3.5】1 條繩子的 $\frac{7}{8}$ 是 $2\frac{2}{3}$ 公尺，這條繩子的全長是多少公尺？

【XI-七-4.1】老師買了 8 個披薩，全部分給班上的學生，每人剛好分到 $\frac{1}{4}$ 個，班上有多少位學生？

【XI-七-4.2】媽媽在市場買了 $2\frac{1}{2}$ 公斤的柳丁，共花 75 元，柳丁 1 公斤賣多少元？

【XI-七-4.3】1 袋麵粉有 5 公斤，每 $\frac{2}{7}$ 公斤裝成 1 包，可以裝滿多少包？剩下多少公斤？

【XI-七-4.4】1 瓶果汁有 $2\frac{2}{3}$ 公升，每 $\frac{3}{5}$ 公升裝成 1 杯，可以裝滿多少杯？剩下多少公升？

【XI-十-1.2】小強家的花園每天要用掉 100 公升的水來澆花，10 天共用了多少公升的水？

【XI-十-3.1】南一國小有一個邊長 10 公尺的正方形花圃，這個花圃的面積是多少平方公尺？

【XI-十-3.2】王伯伯在高鐵臺南站附近有一塊邊長 100 公尺的正方形土地，它的面積是多少平方公尺？

【XI-十-4.1】玉山國家公園想要規劃一個邊長 1 公里的正方形區域來種植杉木，它的面積是多少平方公里？是多少平方公尺？

【XI-十-5.1】大大游泳池的面積有 200 平方公尺，是多少公畝？

【XI-十-5.2】李叔叔有一塊 3.2 公畝的土地，是多少平方公尺？

【XI-十-5.3】中正國小的校地面積是 4.72 公頃，是多少公畝？

【XI-十-5.4】面積 3 平方公里的農林試驗場，是多少平方公尺？

【XI-十-5.5】臺南市的土地面積約 175 平方公里，是多少公頃？

【XI-十-5.6】臺南科學園區占地約 650 公頃，也可以說是多少平方公里多少公頃？

【XI-十一-2.2】奶茶的調製是 5 分公升的紅茶加上 3 芬工生的鮮奶攪拌混合而成的，紅茶的量對鮮奶的量的比要怎麼記？比值是多少？

【XI-十一-2.3】雞尾酒是用 10 公升的萊姆酒和 40 公升的汽水混合調製後，再加上一些水果。萊姆酒的量對汽水的量的比要怎麼記？比值是多少？

【XI-十一-5.1】用黃色漆對藍色漆的比為 4：5 來調製綠色漆，15 公升的藍色漆要用多少公升的黃色漆？

【XI-十一-5.2】小明付 48 元，小華付 32 元，合買 100 張圖畫紙。依照金額的比分配，小明能分到幾張圖畫？

國家圖書館出版品預行編目

數學教科書中的語言表達：教你看懂數學課本的文字
敘述 / 陳雅婉著. --一版. --臺北市：
秀威資訊科技 2010, 06
面； 公分.--(社會科學類；AF0140)
(東大學術；16)
BOD 版
參考書目：面
ISBN 978-986-221-478-7(平裝)

1.數學教育 2.教科書 3.語言分析 4.小學教學
523.32 99008194

 社會科學類 AF0140

東大學術⑯

數學教科書中的語言表達
——教你看懂數學課本的文字敘述

作 者 / 陳雅婉
發 行 人 / 宋政坤
執行編輯 / 林泰宏
圖文排版 / 郭雅雯
封面設計 / 陳佩蓉
數位轉譯 / 徐真玉 沈裕閔
圖書銷售 / 林怡君
法律顧問 / 毛國樑 律師
出版發行 / 秀威資訊科技股份有限公司
台北市內湖區瑞光路 583 巷 25 號 1 樓
電話：02-2657-9211 傳真：02-2657-9106
E-mail：service@showwe.com.tw

2010 年 6 月 BOD 一版
定價：140 元

讀 者 回 函 卡

感謝您購買本書，為提升服務品質，請填妥以下資料，將讀者回函卡直接寄回或傳真本公司，收到您的寶貴意見後，我們會收藏記錄及檢討，謝謝！
如您需要了解本公司最新出版書目、購書優惠或企劃活動，歡迎您上網查詢或下載相關資料：http:// www.showwe.com.tw

您購買的書名：_____

出生日期：_____年_____月_____日

學歷：□高中 (含) 以下　　□大專　　□研究所 (含) 以上

職業：□製造業　□金融業　□資訊業　□軍警　□傳播業　□自由業
　　　□服務業　□公務員　□教職　　□學生　□家管　　□其它_____

購書地點：□網路書店　□實體書店　□書展　□郵購　□贈閱　□其他

您從何得知本書的消息？

　□網路書店　□實體書店　□網路搜尋　□電子報　□書訊　□雜誌
　□傳播媒體　□親友推薦　□網站推薦　□部落格　□其他_____

您對本書的評價：(請填代號　1.非常滿意　2.滿意　3.尚可　4.再改進)

　封面設計____　版面編排____　內容____　文／譯筆____　價格____

讀完書後您覺得：

　□很有收穫　□有收穫　□收穫不多　□沒收穫

對我們的建議：_____

_____

_____

_____

11466

台北市內湖區瑞光路 76 巷 65 號 1 樓

秀威資訊科技股份有限公司　　　收

BOD 數位出版事業部

. . . .

（請沿線對折寄回，謝謝！）

姓　　名：＿＿＿＿＿＿＿＿＿　　年齡：＿＿＿＿　　性別：□女　□男

郵遞區號：□□□□□

地　　址：＿＿＿＿＿＿＿＿＿＿＿＿＿＿＿＿＿＿＿＿＿＿＿

聯絡電話：(日) ＿＿＿＿＿＿＿＿＿＿　(夜) ＿＿＿＿＿＿＿＿＿＿

E-mail：＿＿＿＿＿＿＿＿＿＿＿＿＿＿＿＿＿＿＿＿＿